日々の道具帖

三谷龍二

はじめに

暮らしの輪郭

工房での仕事を終えて外に出ると、辺りはすでに薄墨色に暮れかかっていました。この辺りは谷間のように囲われた場所で、U字形の一番低いところには、蓮池や林檎の果樹園が広がり、その林檎園を挟んで、両側に家々が点在しています。林檎農家からは剪定した枝などが豊富に出るため、小枝や雑草は焚き火に、太い枝は風呂焚きや薪ストーブの燃料になります。だから夕暮れ時には、あちらこちらから白い煙が立ちのぼる。家のなかでは、仕事の後片付けをしたり、夕餉《ゆうげ》の支度をしているのでしょう。窓からは温かな光が漏れて、僕はそれを見ていると、毎日見慣れた近所の風景であるのに、「ひとが生活する姿っていいな」と改めて思うのでした。ひとの暮らしには温度や、佇まいのようなものがあります。ごはんを炊いて、惣菜を作り、配膳する。仕事や学校を終えて、家族が食卓に集まってくる様子が手に取るように見えてきます。庖丁を動かす音。鍋がカタカタ鳴る音。窓の灯りを見ているだけで、胸の内が温かくなってくるのです。それはずっと変わらない、ひとが暮らす、愛おしい風景です。

僕の木工のはじまりは、木のブローチでした。また、それと同時期に職業訓練校で家具の作り方を学びました。だから食器ではなく、そのどちらかのモノを作っていくことも十分考えられたのですが、まだそんなことをするひとなどいない頃から、僕は木で器を作ることをはじめました。その理由を考えてみると、僕は木工をする、その以前から、「生活」が好きだったからだと思います。煙突からの一筋の煙や、窓の灯り。そうしたひとの営みを愛おしく思うからです。そういえば木工科を選んだのも、漂流して最初に椅子とテーブルを作ったロビンソン・クルーソーが好きだったからで、「生活するための技術として、木工を知っておきたい」、くらいの考えからでした。生活に近い、暮らしに使われる道具が作りたい。その思いが、仕事選びに影響を及ぼしたのでしょう（僕が工作大好き人間だったり、作家志向が強かったなら、きっと作るものも違っていたでしょう）。

器を作る仕事は用途に留まらず、暮らしという曖昧なもの、長い時間をともに過ごすということなど、いろんな要素をかたちにする仕事だと思います。暮らしの輪郭は意外と曖昧で、ゆったりしたものです。凄く繊細で、美しい家具があるとしましょう。ツマミは小さいほうがきれいだからと、使うたびに爪でキズをつけないか気を遣ってしまうような、とても小さいつまみだったらどうでしょう。それは暮らしの道具として、少し緊張感が高すぎるように思います。美しい家具と、生活者の家具は、少しだけ違うように思うのです。

ボーエ・モーエンセンというデンマークの家具デザイナーは、庶民のための家具をたくさん作ったひとでした。無駄がなく、高価な材料は使わず、価格が高くならないように、作り方もあまり凝ったことをしない。でも美しく、時を超えたデザインを残しました。僕は日用品には、その考え方がとても大切だと思うのです。使いやすいというなかには、機能と、美しさと、丈夫さと、それに使っている時に緊張しすぎないような配慮も必要です。そして自分の身の回りのものを集めてみれば、そんな条件に当てはまるものが多く集まっているように思うのでした。

目次

春から夏 16

秋から冬

表記方法について

サイズはすべて外径で㎜単位、たて×よこ×高さの順となっています。

蓋ものは蓋をとった時のサイズ。また、すべての掲載品は、三谷さんの家で現在も使われているものですので、サイズはあくまでも参考値です。

特に木製のものは、木の個性や使う頻度などによって、経年変化や縮みが生じ、サイズが変動することをご了承ください。

00 樹のように

植木市で一本のモミジの苗木を買いました。それから10年が経ち、その樹が大きくなった頃、今度はそのそばに一軒の小さな家を建てました。

ひとが家を持つことは、樹と同じようにその土地に根を下ろし、「ずっとここにいよう」と決めることだと思います（あるいは腹を決めるというのでしょうか）。一度定位置を決めたら、樹も家も、ずっとそこにあり続けます。ところが人間（動物）はせっかく家を作ったとしても、じっとそのまま居続けることができません。すぐに外へ出ていって動き始めるのです。以前、庭に新しい樹を植えた時、植えた年には葉が茂ったのに、翌年、あるいはその翌年に枯れてしまうことがありました。樹がしっかり根付くまでには、それくらいの時間がかかります。それは人間でも同じかもしれません。石の上にも3年と言ったり、まずは10年と言ったりしますから、やはり根を張るまでには年月が必要なのだと思います。でも、人はなかなかそうした時間を待てなくて、動いてはいけない時にも、つい動いてしまう。何もしなくていい時にでも何かをして、時間を埋めてしまうことがしばしばあります。そんな動物は、樹を仰ぎ見て、その安定した立ち姿にあこがれを覚えます。柔らかな風にそよぐ大きな緑陰の下にいると、それだけで生き返るような気持ちになります。僕たちのように自我を持たない樹は、惜しみなく日陰を提供し、あるいは果実を恵み、しかし見返りを求めようとはしません。樹は言わず語らず、ただ、立っているだけなのです。

やがて日が暮れた。昼間からあまり車の音を聞かない町内は、宵の口からしんとしていた。夫婦は例のとおりランプのもとに寄った。広い世の中で、自分達の座っているところだけが明るく思われた。そうしてこの明るい灯影《ひかげ》に、宗助はお米だけを、お米は宗助だけを意識して、ランプの力の届かない暗い社会は忘れていた。彼らは毎晩こう暮らしてゆくうちに、自分たちの生命を見いだしていたのである。

（夏目漱石『門』）

宗助とお米は、「ランプの力の届かない暗い（外の）社会」から隔絶されたようにして、ひっそりと崖下にある借家に住んでいます。まるで樹のように、静かに。そしてふたりは、「毎晩こう暮らしていくうちに、自分たちの生命を見いだして」いる、と漱石は書いています。この「自分たちの生命」というのは、どのようなものでしょう。ひとの暮らしにも根が必要です。人も根を持つことで、自分たちの生命を見いだして」いくのです。家（うち）は、内とつながっていて、外に意識を拡散するのではなく、時間をかけて二人の暮らしを作っていくことで、「生命」の「根」は、育まれるのだろうと思います。日々の暮らしは月並みで、刺激のないものかも知れません。でも、だからこそ「見いだす」「生命」がある。そして「この静かな夫婦は、安之助の神戸からの土産に買ってきたという養老昆布の罐をがらがら振って、なかから山椒入りの小さく結んだやつをより出しながら」、語り合うのでした。

暮らしは、何気ないこうしたやり取りの積み重ねでできているのでしょう。庖丁で菜類を刻むこと。食卓でごはんを食べること。そして、暮らしで使う椅子や鍋、衣服、鞄、使いやすい食器など、そうした道具によって、僕たちの暮らしにゆったりとした輪郭が生まれ、「生命の」かたちになっていくのだろうと思います。

庭木の枝を15センチほどの長さに切り、それで菓子切り用の枝楊枝を作ることがあります。切ったばかりの枝を小刀で削ると、しなやかで、まるで生き物に触れているような感触で、心の奥のほうに届く心地よさがあります。日本は木と紙の文化、と言われますが、僕たちは木に触れると、かつて森で生きた記憶と繋がるからなのでしょうか、どこか「自分たちの生命を見いだす」ように思うことがあります。以前、詩人の長田弘さんにお会いした時、「樹の言葉を、木の器、木の道具にして、親しく目に見えるものとして翻訳する。木工というのはそのような仕事に思えます」といわれたことがありました。恐らく日本人は樹の言葉を、生命の根のところで記憶しているのかもしれません。

木と暮らしを結ぶ。そういうことがずっと意識のどこかにあったからでしょうか、最近は木のスプーンを作るワークショップをする機会が増えています。10人ほどでテーブルを囲み、あらかじめ糸鋸で引き抜いたものをこちらで用意し、そこから彫刻刀でスプーンに仕上げていくのです。ワークショップに興味を持つのは、ものだけではなく、ものを通じて、「生きている世界」に触れたいという想いがあるから。それは器を使って食べる、楽しい食卓に繋がりたいということとも共通しているように思います。

一本のスプーンが仕上がるには、おおよそ3時間ぐらい掛かります。タイトルは「スープとスプーン」。彫りの作業をするその傍らでは、料理人が鍋を火にかけ、ゆっくりと手間ひまかけてスープを作っているのです。そう、作業の後、できあがったばかりのスプーンを使って、温かなスープをいただくのです。このワークショップには普段接する機会の少ない、新鮮な経験がたくさん含まれています。無垢の木に触れること。刃物で木を削ること。道具を自分で作ること。そして、使い心地を自分の手と唇で直に確かめながら仕上げていくこと、などです。

このワークショップは、苦労してスプーンを作った後に一緒にごはんを食べる会なので、「労働とごはん」というのを、裏テーマにしています。共に働いた後だから気持ちも通じ合い、そこにおいしい料理とお酒が加わるわけですから、参加者同士、毎回会話も弾んで楽しい時間になります。はじめて作ったスプーンの話や、一皿ごとの料理の話。その後なんとなく自己紹介のような形で話は続いて、尽きることがありません。

「労働とごはん」。確かに少し前までは子どもだって働かないと食べさせてもらえませんでした。「働かざるもの喰うべからず」。なぜなら家で食べる米や野菜、道具や着物、履物だって全部自分たちで作らなければならなかったからでした。でもそれが、あっという間に、「ものはお金で買うもの」というふうに変わってしまって、自分で使う道具を自分で作るということが、今ではずいぶん遠いものになってしまったのです。

高度成長の時代になると、男たちは家を離れ、会社や工場に働きに行くことになりました。人は動き続けるのです。食と住が離れて、当たり前に家で食べていたごはんが、弁当や外食に変わっていきました。家族総出でやるような家の仕事は少なくなり、お父さんのサラリーで賄うようになりました。大きな家族から核家族へと家のかたちも変わっていき、まさに僕たちはそんな時代の、そんな家庭に育ったのでした。

10代の終わり、僕はそんなちいさな核家族からも、出たいと思っていました。家に居続けると、自分の半分は未分化なまま家族のなかに溶けていて、そのすっきりしない感じがいやだったのです。もっと自分の輪郭を鮮明に摑みたい。だから家を出て一人になることを、そして自由になることを望んだのでした。

労働とごはんは、どちらもひととひとを結びつけるものでした。地域が協力して仕事をし、ごはんも毎回家族が一緒にするものでした。ひょっとすると「労働とごはん」とは、効率や利己主義の流れとは逆の、単純明快にひととひとを結びつける力のことかも、と思ったりします。

別役実の童話に『一軒の家・一本の木・一人の息子』というのがあります。家を持たないで街から街へと黒牛印のソースを売り歩くセールスマンに、ある時、空の遠いところから、神様の声がおりてくるのです。

「人は誰でも、一軒の家を建て、一本の木を植え、ひとりの息子を持たなければいけない」神様の声は、広い空にひろがり、それから男の人の胸にしみ込み、男の人を静かに感動させました。

そして、男の人は考えます。

「わたしがふしあわせなのは、きっとそのせいだ。わたしは随分忙しくこの世界を歩きまわってきたけれど、何処にもどんな小さな印もつけてくることは出来なかった。そうだ、この世界に、わたしのための小さな印をつけよう。そのために、一軒の家を建て、一本の木を植え、息子を一人もとう」

（『淋しいおさかな　別役実童話集』所収　三一書房）

ちょうどこの話を読んだ頃、僕も一軒の家を建て、庭に樹を植え、ひとりの息子（女の子も2人いますが）を授かりました。それから月日が流れ、家は古くはなりましたが、それだけに、暮らしにすっかり馴染んだものになりました。また、その頃に植えたモミジの樹は、大きくはなったのですが、その後に枯れてしまい、でもその樹からの実生が今、少し大きくなりかけています。そして僕の一人の息子はすでに大学を出て、2年前、社会人となりました。

毎日の暮らしは常に動いていますが、でもひとにはもうひとつ、樹のように育っていく時間があるのだと思います。それが、そのひとの生きた印。ひとにはふたつの側面があって、動物のように何時までも動き、行動する自分と、そして、樹のようにただそこに「在る」だけの、そのようにして「自分たちの生命を作っていく」だけの、自分がいるのだろうと思います。

春から夏

梅、桜、桃。寒い地方の春はいっぺんにやってきます。そのなかでも桜はやはり特別な花で、花見の日は、冬が終わり、これからはじまる新たな季節を迎えるための儀式のような気持ちがします。そして満開の日、工房のスタッフと手分けしてお弁当を作り、お花見に出かけることにしました。ピクニックシートはクロマニヨン（カンボジアの布と雑貨を扱うショップ）に頼んで特別に作ってもらったもの。体のなかから湧き出るこの喜びはやはり特別です。

僕は「職住」がひとつのところなので、お昼ごはんはほとんど家で食べています。といっても簡単に、手早くできるものばかりで、例えば今日はアスパラを茹でて、オリーブオイルと塩を振ったものと、レモンとアンチョビのパスタでした。でも、そんな何でもない料理であっても、器がいいとおいしそうに見えるもの。食事の気分も全然違ってきます。たかが器、されど器。「器って大きいな」と、そんな時に思います。

家から1時間も車で走れば、豊かな自然のある場所に行けるのが、松本のいいところだと思います。この日は、奈良の「くるみの木」のスタッフたちと、高原でスプーン作りのワークショップ。ここは僕のとっておきの場所で、素晴らしい景色なのに、不思議なくらい人が少なく、小川のそばの「いつもの場所」も空いていました。僕たちは到着してすぐに飲みものとスイカを、冷たい小川のなかに入れたのでした。

草原のなかにテーブルと椅子を持ちこみ、自然のなかでただ無心になって木を削る。それだけなのですが、でもそれは普段、なかなか得られない時間です。せせらぎの音を聞きながら、約3時間。彫刻刀を持ったのは中学校以来と戸惑いながらも、みなさん無事にスプーンを完成することができました。その後は用意した料理をテーブルに広げ、お昼ごはんです。それぞれ自作のスプーンでデザートをいただきました。

夏祭りの宵。遠くから「ぼんぼんまつもと」と、にぎやかな囃子唄が聞こえてきます。何万人という人が踊りながら市内を練り歩くこのお祭りは、合わせて帰省する人もいるくらい市民に人気。僕は祭りのワクワクした気分のなかで、外に縁台を出して、まずはビールを飲むことにしました。夏祭りだからと、着流しにしたのですが、着物に袖を通すのは去年のこの日以来。男が着物を着る機会は、なかなかないものです。

01

ロジェールの
ガスコンロ

02

フィネル社の白い琺瑯パン

01

ロジェールのガスコンロ

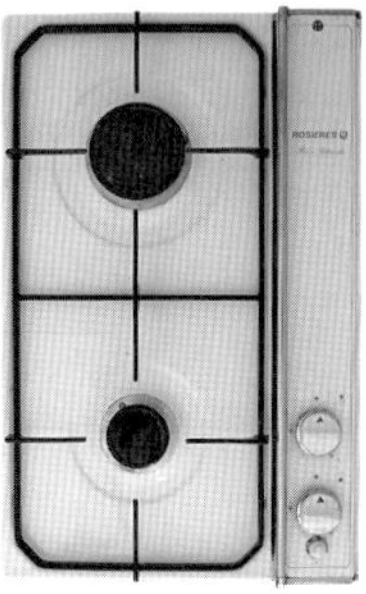

ロジェール（ROSIÉRES）は1869年の創業以来、鋳鉄の製品を手がけ、ストーブやキッチンコンロを中心に人気を得てきたフランスのブランド。品質とデザイン性の高さから世界中で愛されているが、安全センサーの問題で、日本では現在、販売停止中。

このロジェールのガスコンロ、とても魅力的な製品なのですが、残念ながら今、日本で買うことができません。それは2008年にガス事業法改正というのがあって、国内における家庭用ガスコンロは、全口に安全センサーの設置が義務付けられたからでした。そしてロジェール社は「そこまでは付き合いきれないよ」と思ったのかどうかしれませんが、対応する機種を作らず、あっさりと日本から撤退してしまったのです。

生活環境が安全、安心であることは、とても大切なことだと思います。でも、だからといって、家のなかから直火をなくす、というような流れは、どこか行きすぎのような気がしてなりません。いくら安全、安心を願っても、社会のなかからすっかり不安や心配がなくなることはないのですから、不安要素を切り捨てるだけでなく、そうしたものとうまく付き合いながら生きる、ということも考えないといけないはずです。ましてや火と暮らしとの関係は、心の深いところで繫がっているのですから、子どもたちが火との付き合い方を覚えることは、人間の深い記憶の層に触れることでもあるはずです。優先すべきは、なにも安全だけではないのです。

火と人間の付き合いは、何千年にもなります。野営の時の焚き火は、獣から身を守るためでしたし、肉や魚は焼くことで、穀物は煮ることでおいしく食べることができるようになりました。こうした原始からの記憶は、現代の人間にも強く残っているはず。野性の思考は人間が一人荒野で生き残るための力ですから、それは現代においても、重要だろうと思うのです。

なんだか話が広がってしまいましたが、言いたいのは、ロジェールのガスコンロのような魅力的なデザインのものがなくなってしまうことが残念で哀しい、ということなのです。

02

フィネル社の白い琺瑯パン

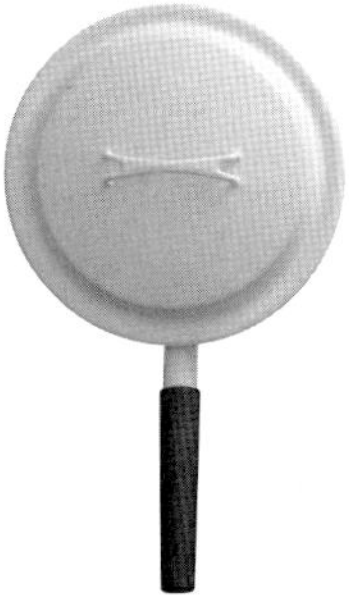

φ250×（持ち手含む）190×60㎜　琺瑯製
金属の下地にガラス質の釉薬を焼き付けて作られる琺瑯は、耐久性の高さや色の美しさからキッチンウェアの分野で特に人気の高い素材。三谷さんも鍋やポット、バットなど多数を愛用。琺瑯のガラス質は、欠けるとサビることがあるので、使用後は十分に乾燥させてから収納を。

台所には清潔な白がよく似合います。この琺瑯パンに湯を張り、アスパラを長いまま放つと、毎回のように「きれいだな」と思うのですが、それは、緑が引き立つ「白」がバックだからだと思います。冷蔵庫や炊飯器などを白物家電といいますが、それは白が台所にふさわしい、清潔な色だから。そんなことは当たり前、と思っていたら、どうしたことでしょう、この頃はシルバーのほうに人気を奪われてしまい、冷蔵庫も炊飯器も、白色の設定自体がないものが増えてきているのでした。シルバーは汚れが目立たない、それが理由なのかもしれませんが、でもむしろ汚れが目立つから、「白」がいいと思うのです。

琺瑯のやわらかな肌が好きで、家にはいくつも琺瑯のものがあります。琺瑯は金属板にガラス質を乗せたもので、金属の丈夫さとガラス質の薬品等に対する丈夫さを併せ持つ、優れた素材です。この鍋のメーカー、フィネル社（後にアラビア）の社名も、フィンランド語のエナメル（琺瑯）からとったもの。デザイナーはセッポ・マッラト（Seppo Mallat）で、1969年のデザインです。この人は北欧デザインが好きな人にファンの多い、アンティ・ヌルメスニエミ（Antti Nurmesniemi）のスタジオにいたそうです。この琺瑯パンは、直径が大きいから、パスタを茹でる時などにも2人分くらいなら十分使えます。このシリーズは両手鍋もあるし、色もいろいろとあります。そしてどれも細部までこだわったデザインが施されていて、持ち手の二股に分かれたかたちもとても魅力的です。鍋は、毎日酷使されるのですから、とにかく丈夫に作ろうとするものですが、この鍋は繊細で、どこか静かな印象すらあります。使い勝手がよく、機能性に優れ、しかも美しいというこの鍋のようなものは多くないと思います。

03

磁器のレモン絞り

04

伊藤環の八寸白泥皿

03

磁器のレモン絞り

135㎜ ブナ+磁器製
15年ほど前に訪れたパリのコンランショップで購入したレモン絞り。パスタやサラダ、メイン料理に、とレモンが好きな三谷家では、ほぼ毎日登場するとか。ちなみにパリでは、「コンランショップ」や「ボン・マルシェ」のキッチン用品コーナーを冷やかすのが楽しいそう。

僕は「白」好きなのですが、それはもちろん、磁器の白にも繋がっていきます。

このレモン絞りは、フランスで買ったものですが、先のところが磁器製であるところが気に入りました。同じようなかたちで、すべて木でできたものはよく見かけますが、レモンはエッジの先で絞るのですから、木よりも磁器のほうが摩耗しにくい点で優れているように思います。そして持ち手は木のほうがいい。手に冷たくないし、廻す時のグリップ感も高いから。恐らくこのかたちは木だけでも、磁器だけでも作れると思いますが、磁器の「白」と、ブナの木の色合いがとてもきれいで、素材の特質を考えた組み合わせが成功していると思いました。

キッチンには、さまざまな小物が必要です。おろし金ひとつとっても、大根をおろすのと、山葵《わさび》をおろすのとでは道具が違います。缶のなかから紅茶を掬《すく》う匙《さじ》は柄が短いほうがいいし、ジャムを瓶から掬う匙は柄の長いものが便利。それぞれが使用目的にぴったり合っていないと、何とも使い難いことになってしまいます。だからこそキッチン用品のコーナーを歩くのは楽しいのです。やはりモノを買ったり、具合のいい道具を持つことは嬉しいことです。ただ、モノを買う時は収納のこともいつも念頭においています。こどもが遠足に持っていくお菓子を制限の値段いっぱいに選ぶのに似て、収納の制限に合わせて、台所小物を選びます。

我が家ではレモンは常備果実です。サラダも米酢やビネガーを使うより、レモンのほうがフレッシュで僕は好きだから。それに肉や魚にも絞るし、林檎や柿などをサラダ仕立てで食べる時にも使う。そして、僕の十八番のアンチョビレモンのパスタを作る時にも、この絞り器が活躍してくれるのです。

04

伊藤環の八寸白泥皿

φ240×20㎜　八寸皿
白泥や錆銀彩、枯淡釉や磁器など、幅広いラインナップをもつ伊藤さん。なかでも白泥に灰を混ぜた釉薬による作品群は、ふくよかな白の景色で人気の高いシリーズ。意識的に揃いすぎないようかたち作るため、器のひとつひとつに豊かな個性が見られるのも魅力。

伊藤環さんの仕事場は現在、岡山市にあります。江戸時代に造られた千町川という運河のほとりで、「空も広く、抜け感のあるのがよくて」、この場所に決めたそうで、すぐそばの海と川を隔てる水門の辺りは、水量もたっぷりとある、葦の茂った美しい川です。

環さんは90年代の初め、大学で陶芸を学びました。この頃はまだ前衛陶芸が盛んな頃で、学生たちはこぞってそうした作品を作っていたそうです。環さんも、そのようなアート志向の強い学生でした。実は環さんはお父さんも陶芸家で、「卒業したら帰って来い」といわれていたそうですが、アート作品への思いが強く、卒業してもしばらくは帰らず、関西に留まっていたのです。そして信楽の「陶芸の森」で働いていた時、唐津の中里隆さんの「土も釉薬も選ばないで自由奔放に」作陶する姿を間近で見る機会がありました。その時はじめて「普通の器でも、作る人が作れば説得力が違う、オブジェも器も変わらない」と思ったのだそうです。そこで踏ん切りがつき、お父さんの下で仕事をすることになりました。

お父さんの下には9年居て、その後独立。再び福岡を出て、神奈川県三崎町に窯を構えることになりました。ただ独立しても売り先はありませんでした。それでクラフトフェアまつもとに応募したのだそうです。それが2006年。その頃の名簿を見ると、三笘修、市川孝、富井貴志、余宮隆、木下宝、坂野友紀、小林寛樹、土屋美恵子らの名前があって、クラフトフェアが一番輝いていた頃でもありました。そして僕もその頃、環ちゃんと会場で会ったのでした。

このお皿を環ちゃんは「モーニングプレート」と呼んでいて、和食器中心だったそれまでの仕事を、洋食器にまで幅を広げていきたいと思っていた頃に作りはじめたそうです。

05

辻和美のグラス

06

スイス製のピーラー

05

辻和美のグラス

φ75×55㎜
金沢市内を流れる犀川のほとりに、工房兼ショップ『factory zoomer』を構えるガラス作家の辻さん。クリアなものから色や柄のあるものまで、アイテムの種類は豊富。お店では自作のガラス作品のみならず、自らセレクトしたさまざまな〝生活を楽しませるモノ〟も扱っている。

ある時期、クラフトフェアに行くと白い器を作る作家が何人も並んでいたことがありました。それは「流行り」としか言いようのない現象で、そうなると当然ピークアウトして、白い器ブームは急速に冷めていきました。でも、これは昔からよくあること。柳宗理さんもル・コルビジエの建築と、その後のエピゴーネンとの区別について書いています。
「家は住むための機械と叫んだ時に、後続の若い建築家が穿き違えて、すべての造形感覚を省いて、冷たい合理主義に走ったことである。わたしが拝見すると、そのシンプルなるものがいかにも無味乾燥で、冷たい木石のような感じである。それはあたかも何々指導の標準家具と言ったような味気なさである。これではシンプルどころか、前のごてごての方がよっぽどよい」と言い、「最後の生命はその造形的感覚なのだ」と締めくくっています。これは白い器の場合でも同じこと。「シンプルなるものがいかにも無味乾燥」になってしまったから、人は離れてしまったのです。しかし同じ白い器であっても、いつまでも魅力を発するものもあります。その違いは、その「最後の生命」は、ただ作者の「造形的感覚」に掛かっているのです。

ところで、辻和美さんの作品に「普通のコップ」というのがあります。僕は毎日のようにコップを使いますが、戸棚から取り出す時、ほぼ無意識に辻さんのコップに手を伸ばしていることに気が付きました。何でもない透明の、コップと言えばこういうかたちという、普通のコップなのですが、どこかに他にない、グッとくる魅力が彼女の作るものにはあるのです。その源泉はうまく言葉にできませんが、恐らくモノがもつ単純な力、それがあるかないかだと思います。そう考えると、流行り廃りを超えたところにある「作る力」が大切なのだと思えてくるのです。

06

スイス製のピーラー

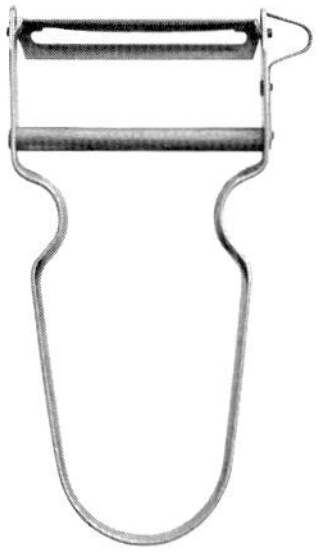

101×63㎜　アルミ製
スイスのプロダクトのなかでもとくに有名で、切手のモチーフにもなっているロングセラー商品（1947年発売）。ZENA社のREXピーラー。デザインはアルフレッド・ネヴェッツェルツァル。スイスでは皮むきのほか、チーズスライサーなどとしても使われている。

Mさんはチーズを選ぶ達人でした。彼女にお願いしておくと、本当においしいチーズを届けてもらえました。「チーズには完熟のピークというのがあって、熟成前だと芯の部分が固く、味が若かったりするし、といって熟成を過ぎてしまうと表面が固くなったり、味が劣化したりします」。つまりチーズは適切な温湿度管理と、食べごろを見極めることが大切なのですが、それは素人にはなかなか判らない。だからMさんのようなプロの眼が必要なのでした。

ところが、Mさんはある日突然仕事を辞め、スイスに行ってしまいました。デザインが好きで、その勉強のためということでしたから、仕方がありません。ただ、それと同時にMさんセレクトのチーズは、食べられなくなりました。そして数年後、スイスに行っていたMさんからメールが届きました。「日本の何ヵ所かを回って、またスイスに戻ります。松本にも行きたいのですが」。僕は「どうぞどうぞ」と返事をしました。

Mさんは、スイスで通う学校の先生を連れてきました。彼は建築が専門でした。ちょうど僕が10センチを作ろうとする頃だったので、プランのことなどを話しましたが、彼のアイデアは全面ガラス張りのとてもモダンなものでした。ところが僕は、古い建物の記憶を残した改装を考えていたので、こころのなかでは却下していましたが、彼の意見も面白いものでした。そのスイス人の彼が、自国の代表的な台所用品としてお土産にくれたのがこのピーラーでした。スイスの家庭ではごく一般的なもので、アルミ素材そのままの簡素な姿と、皮むきの時の使い勝手のよさはさすがだと思いました。清潔好きで、機能美を愛するスイスらしい道具です。

07

ピクニックセット

07

ピクニックセット

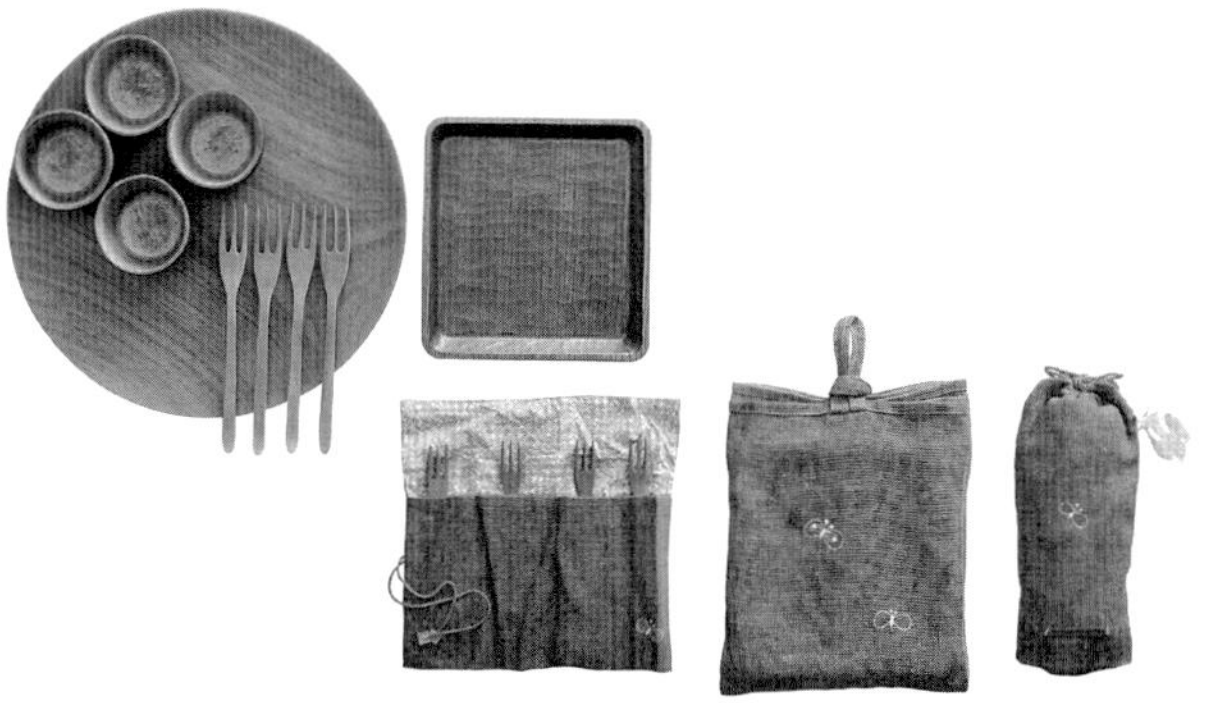

毎日家に居て、ずっと家事をしている主婦が、たまの休みぐらいドライブや買い物に行きたい、と思うのは当然のことだと思います。一方ご主人の側からみれば、毎日仕事で外に出ていますから、たまの休みぐらい家で体を休めたいと思うのも当然。家に居る人は外に、外に居る人は家に居たいと思うのです。相手の立場になって冷静に考えれば、すぐにわかりあえるはずのことなのですが、疲れていたり、「休日を楽しみにしていた」、というような少し気持ちのずれがあった場合には、意見が対立することがあるかもしれません。でも、折角の休日なのですから、気持ちよく過ごしたいという思いはどちらも同じ。そこで意見が合って「今日はピクニック」と決まった日には、お弁当と魔法瓶。そしてこのピクニックセットが出番となります。

このピクニックセットは、ミナ・ペルホネンのデザイナー、皆川明さんと作ったものです。2人とも自然の中にいることが大好きで、ロケーションのいいところがあったら立ち止まって、そこでゆっくりしたいと思うタイプです。そうした好みは仕事場や住まいの選び方にも表れていて、場所を決める時の重要条件が、公園だったり、林だったり、周囲の自然環境の善し悪しなのです。

僕は庭にテーブルを出して食事することが好きで、それを繰り返しているうちに、いつのまにか、野外向きの木の食器がいろいろと揃ってきました。すると今度は、それをきれいに包む袋やバッグが欲しくなったのです。必要な食器類をセットにして、そのままピクニックに持っていけたらどんなにいいだろう、と。晴れた朝、「ピクニックに行こう」と決めたら、そのバッグを持っていけば、現地に行って困ることはありません。なかに入っているのは取り皿とコチーク丸盆×2、榆拭き漆の六寸四方皿×4、Hakubokuカップ×4、スパゲッティフォーク×4。それぞれが専用のミナ・ペルホネン製のケースに入ったセット。
★写真のものは自分の花見用に三谷さんがアレンジしたもの。通常は角皿の代わりに丸いパン皿が入る。

ップとフォーク。それぞれが4つずつ入っていて、野外の食事に、これだけあればなんとかなるというセットです。木のお皿は直径が19センチ。普段は朝のパン皿として使っているものです。皆川さんはこのためにアコーディオン状のポケットが4つ付いたケースを作ってくれたので、お互いぶつかることなく運ぶことができるようになりました。コップは漆で仕上げたものです。このコップは熱いコーヒーを入れても手が熱くないところがよくて、それにポケットにもすっと入る大きさなので、トレッキングの時など、すぐ出して使えるので重宝します。そして、木のフォークです。この3点に料理を広げるお皿として30センチほどの木のトレイを加え、これらをひとまとめにしたものが、布バッグに収まります。木の器は壊れにくく、しかも軽いから、運ぶのにも楽で、野外での食事にとても合っているように思います。

もちろんその日のプランによって、組み合わせはいろいろに変わります。重箱やランチボックスなどは籠に入れ、ワインが加わる時は、フェルトでできたワインボトルキャリアに入れます。これは浦田由美子さんに作っていただいたもので、厚手のフェルトがクッションになって、割れやすい瓶も安心して運べます。車で行く時はピクニックベンチとテーブルを持っていくことも多いのですが、歩いていく場合は、ピクニックシートを持参します。

松本は、地図に見ると日本の真ん中ぐらいですが、高地のため、一年のうちの半分ぐらいは冬といってもいいくらいなのです。だから気候のいい季節はわりと短いので、その時期は自然に気持ちが外に向かってしまうのです。

08

サンビーム社の
トースター
（クラッシック）

09

バターケース

08

サンビーム社のトースター（クラッシック）

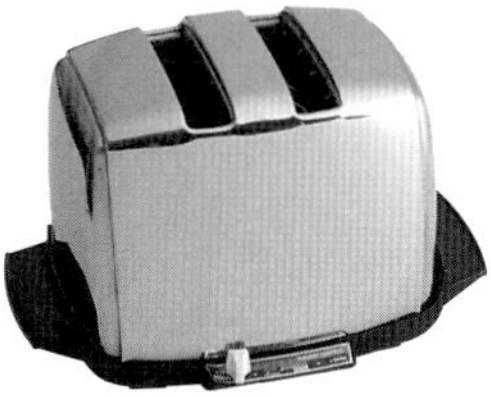

210×下部290×185㎜
2枚焼き
アメリカの家電メーカーであるサンビーム社から1940年代に発売されたトースター。1997年に同社が倒産したため、現在は廃盤となっているが、ミッドセンチュリー的なデザインで、現在はコレクターズアイテムとして人気の高い品。

子どもの頃に使っていたトースターは、左右に蓋が開閉するタイプでした。片面が焼けて蓋を開けると、くるっとパンが一回転する仕掛けになっていて、それがもう面白くて、パン焼き係をかってでていました。そして今使っているトースターは、ポップアップ型。一度に両面が焼け、パンが焼けると自動的に上に上がってくる仕組みのものです。アメリカ人はこういう便利なのか、無駄なのかわからないものをよく考えつきます。林檎の皮むき器とか、トウモロコシの実を取る道具とか。このトースター、電熱器が赤くなる時はジーンと音がして、焼き上がったパンはカタカタ戸惑うようにして上がってくるのですが、このあたりはまだ素朴な機械製品の名残があって、デジタルの世の中が失ってしまったおおらかさを感じます。

このトースターが生まれたのは1940年代。アメリカは大戦では無傷だったため、世界の中心が一挙にヨーロッパからアメリカへと移行したのです。産業では自動車業界などが牽引して量産のシステムを確立し、大量生産、大量消費の時代がはじまり、それと同時にデザインの需要も高まって、ミッドセンチュリーデザインが開花したのでした。

日本でも50年代の後半、家電三種の神器というのがあって、白黒テレビ、冷蔵庫、洗濯機にみんなが憧れました。まだまだ、量産品が人々の幸福のイメージと繋がっていたのです。しかしこの後、供給過剰で夢はまたたく間にはじけ、モノ余りの時代へと突入するのでした。

音楽の世界でもオールディーズと呼ばれる、ポップスの名曲が数々生まれた時期です。たとえば曇りのない明るさを持ったコーデッツの「ロリポップ」の歌声のような、これはそんなトースターだと思います。

09

バターケース

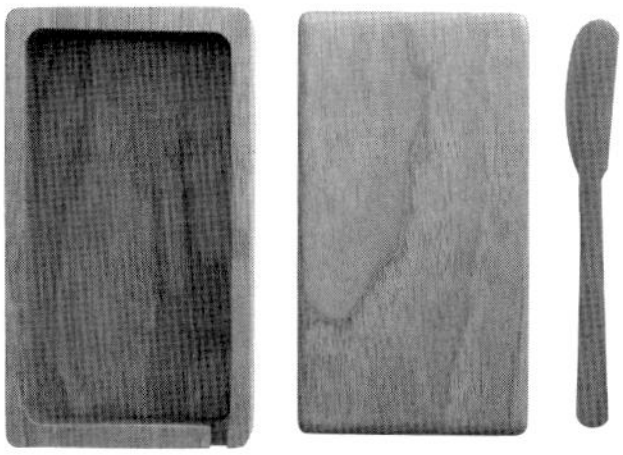

147×84×42㎜
クルミ　オイルフィニッシュ
★バターナイフは付属品
1983年から作られはじめたロングセラー商品であり、最も有名な三谷さんの看板的作品。山桜で製作をスタートしたものの、適した厚みのある材を手に入れるのが難しいことから、徐々にクルミ製に移行。

バターケースは、僕の食器づくりの最初のものでした。処女作には作家のエッセンスのようなものが詰まっている、とはよく言われることですが、果たしてどうなのでしょうか。

バターケースを作ろうと思ったきっかけは、伊丹十三の『女たちよ！』を読んだことからでした。伊丹さんは話し言葉を活字にする、ということをとても自然にやった人で、例えば歴史的事実なんかも、教科書的に語るのではなく、日常感覚で、読んでいる人がその場に立ち会っているかのように伝えてくれました。言葉に鮮度があって、イキがいいのです。僕はこの本からバターケースというアイテムのことを気付かせてもらったけれど、それだけでなく、モノについて、伝統とか技術とかそういったプロの理屈じゃなくて、むしろ普通の家庭で使われている時の、その生き生きした様子が重要だということを、伊丹さんから教わったと思っています。

普段の暮らしで使いたいものは、凄い技術で作られたものでも、特別なものでもないと思います。それよりも日々の暮らしのなかで、心地よい質の良さを感じさせてくれるものであったり、長い間使っていても飽きないで、新鮮な印象を持続するようなもの。そういうモノがあったら気持ちよく暮らせると思うから、きっとそれが僕にとってのいいモノなのです。そして、そんなふうなモノが好きだったから、僕はバターケースを最初に作ったのだといえるかもしれません。

フォーマルでなく、むしろデイリーを大事にしたい。もちろん特別な日に使うものも、持っていれば暮らしに奥行きが出るだろうとは思いますが、普段の少ない予算と、ちいさな家のことを考えると、やはり第一に大切にしたいのはデイリーユースの日々の道具だと僕は思っているのです。

10

旧陸軍の
有田製ボウル

11

パン皿

10

旧陸軍の有田製ボウル

φ125×65㎜
昭和15年前後の統制経済下で作られはじめた陸軍用の食器。★のマークは陸軍を表わす印。裏返すと高台の内側に「肥28」と書かれているが、これは統制番号で、佐賀県（肥前）で焼かれた証。ほかに「岐19」（＝岐阜県多治見）、「瀬30」（＝愛知県瀬戸）などが知られている。

福岡の筥崎宮参道で開かれる骨董市に、展覧会に合わせて、出かけてみました。このような野外骨董市は各地にありますが、内容は玉石混淆というのか、どちらかというとガラクタの山に、ほんの少しだけ面白いものがある、というのがほとんどで、気に入ったものを探そうとすると、かなり骨が折れたりします。だから僕はブラブラ気分でお店を覗いたのですが、中ほどまで来た時、突然このボウルが眼に入ったのでした。手に取って見るとくすんだ薄いグレーの磁器肌に、星型のマークが付いていました。底を見ると「肥28」と書いてある。面白いな、と思って店主に声をかけようとすると、なんと友人の道具屋、「ふくや」だったのでした。「どうりで面白いはず」。「ふくや」さんはご夫婦でお店をしていますが、二人とも中学、高校生の頃から古いものが好きで、その頃に道具屋で知り合ったという、ちょっと早熟な二人なのです。そんなだから、年は若いけれど、年季が入っていて、選ぶセンスもとてもいい。僕は福岡に出かけた時は、いつもここに立ち寄ることにしていたのでした。

この器は旧陸軍が戦時中に有田辺りに作らせた、兵隊さん用の食器セットです。僕はカフェオレボウルのような大きさのものを選んだのですが、他にもひと回り大きな小丼ぐらいのものや、小鉢のようなものもあって、軍が各自にその3点セットを支給したのだと思います。軍隊で使うものですから、たくさん作られ、それに実用本位ですから、使い勝手の良さ、仕舞いやすさ、丈夫さなどを重視し、恐らくかたちの美しさまでは考えていなかったと思います。でも求められるものが明快だったからでしょうか、使いやすい必然性のあるかたちになっていて、このように真っ直ぐな製作態度がモノにとっては大切なのだということを、改めて思った器でした。

11 パン皿

φ190×23㎜
山桜 オイルフィニッシュ
写真の皿は表面がなめらかな轆轤《ろくろ》のタイプですが、ノミで彫り跡が入ったものも。ひと回り小さなφ180のサイズもあります。パンの湿気を吸わせるため、仕上げはオイルフィニッシュ。バターケース同様、1983年頃からのロングセラー。

朝ごはんはほとんどがパンですから、自然に道具もパン周辺のものが増えてきます。買うのはだいたい近くの決まったお店ですが、時々は知人のパン屋さんに送ってもらったりもしています。食べ方だっていろいろありますね。フレンチトースト、ホットサンド、蜂蜜バタートースト、粉を調合してのパンケーキなど。しばらくパンケーキが続くと、家ではある朝、新作の木のパンケーキナイフが登場したりもします。

今の日本は、パン屋さん、コーヒー焙煎屋さん、ジャム屋さんなどが、全国でとても頑張っています。彼らがいいのは、基本的に仕事を楽しみながらやっていること。長く続けるにはそのことがとても大切だと思います。一方で、「夜中の12時ぐらいから起きて仕事をしています」という話もよく聞きますから、彼らはとにかくいいものを作るために努力し、（粉関係だけに）身を粉にして働いていて、それが今の朝食文化を支えているのだと思います。そして、その作る姿勢には、工芸のひとたちともとても近いものがあるように思います。毎日コツコツモノを作る。クラフトマンシップというのは、日本人のＤＮＡに今も変わらず息づいています。

ごはんからパンへ。食生活が変わると、器も自然に変わってきます。少しずつ、飯椀、汁椀といった和食の基本形に並ぶものとして、これからはパン皿やスープボウルが、家庭の食器の棚に増えていくでしょう。それくらいパン周辺の層は厚くなっています。ただごはんを食べるひとが減って、お椀を使うひとが減る、というのは逆に困ったことですが、和食の朝ごはんも、きっとまた見直され、盛り返してくることでしょう。

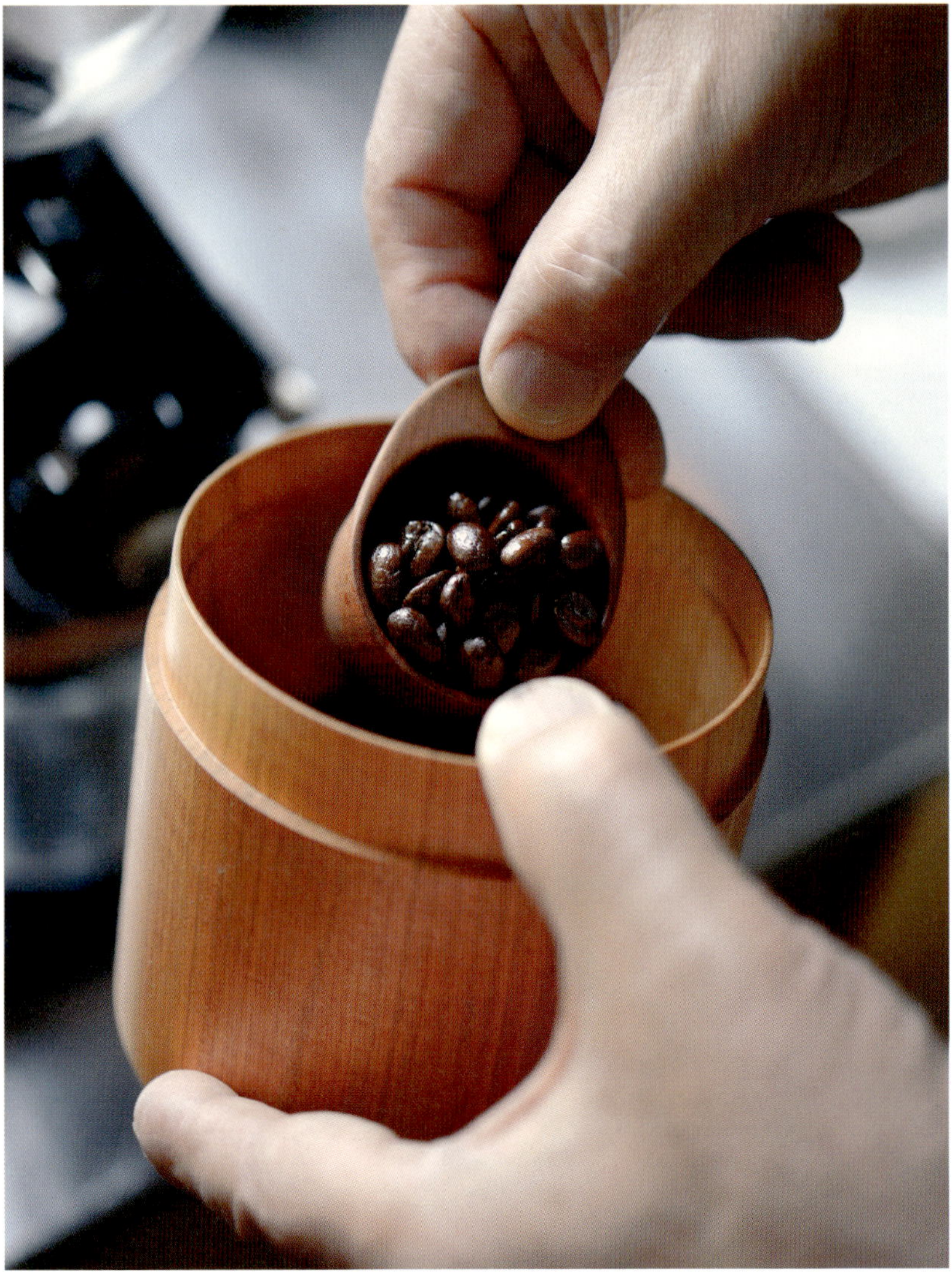

12

キャニスター

13

みるっこの蓋

12

キャニスター

蓋をした状態でφ108×110㎜
山桜　オイルフィニッシュ
防湿用の中蓋がついた二重蓋構造で、コーヒーのほかに茶筒として、またスパイスなどの保管にも使える機能的デザイン。同じく三谷作品であるメジャースプーン（φ43×32㎜　山桜　オイルフィニッシュ　別売り）と使うのがおすすめ。

名古屋にお店を構えるｃｏｆｆｅｅ ｋａｊｉｔａさんは、各地に出張して「コーヒー茶会」を続けています。確かその茶会をはじめたばかりの頃だと思いますが、僕の展覧会でもこの会を開いてもらうことになりました。でも「コーヒー茶会」って一体どんなもの？　と思ったので、まずは梶田さんたちに会って、詳しく聞くところからはじまりました。

梶田さんは以前からお茶のお稽古に通っていました。お茶に親しみ、そのなかに学ぶことも多かったのだろうと思います。だから茶会と同じようなことが、自分たちの普段親しんでいるコーヒーと洋菓子でできないか、そう考えたのだろうと思います。コーヒーは輸入品ですが、今の僕たちの暮らしにすっかり定着し、欠かせないものになっています。そんな身近な喫茶文化を持つコーヒーを通して、それをティーセレモニーのように純化し、自分と向き合う時間、人が出会う場に繋げていく、そんなもうひとつの愉しみ方を見つけたかったのだろうと思います。そして、昔からのお茶の世界も、今では形式的になってしまい、大切なもてなしのスピリッツを失ってしまった面がありますから、そこにコーヒーという違う文化をぶつけることで、形式を一度解体し、それから再構築していくことを梶田さんたちはやっているのだと思いました。

その話を聞きながら、僕たちはひとつの新たなかたちを作るような心意気で、茶会のためのお道具作りに向かうことになりました。メジャースプーン、ドリッパーを置くためのカップ、盆。そしてペーパーフィルターを入れる木の箱を作りました。その箱は四角形で、フィルターが４～５枚入るほどの浅いものですが、これはお点前のなかの重要な道具になっていきました。そして棗《なつめ》に当たる容器として、コーヒー豆を入れるこのキャニスターができたのでした。

13

みるっこの蓋

φ110×14㎜
カバ　オイルフィニッシュ
1955年設立のコーヒー機械専門メーカー『富士珈機』の電動コーヒーミル「みるっこ」。業務用の高機能と家庭でも違和感のないコンパクトさ、デザインで人気。この蓋は知り合いの〝みるっこユーザー〟間で話題になり、制作依頼が集まったそう。

コーヒーミルを買い替えました。以前はドイツ製のもの（プロペラ式で、ウィーンとモーター音がうるさかった）を使っていたのですが、プラスチック製の蓋が壊れてしまったのです。それでコーヒー焙煎をしている友人たちに、電動コーヒーミルではなにがいいと聞くと、口を揃えて「家庭用だったらフジローヤルのみるっこがいい」と助言してくれたのです。みるっこは使ってみると、今までなんであんなに時間がかかっていたのだろうと思うくらい、あっという間に挽けて、音も静かでした。それから後はすっかり家に馴染んで、毎朝使っているのですが、少しばかり気になるところがあって、その部分だけ、（まぁ、個人の家でのことですから大目に見ていただいて）、そっと変えさせてもらいました。

ひとつは挽き終えた粉を受ける黒いボックスでした。静電気が凄くて粉が内壁にびっしり張り付いてしまうのです。それはガラス製のちょうどいい容器があったので、替えることにしました。もうひとつはホッパーの蓋というらしいのですが、豆を入れる上部の透明部分です。蓋がピンク色をしているのが気になって仕方なかったので、木の蓋に替えることにしたのです。

それから半年ほど経った頃でした。みるっこを使っている方は意外に多くて、「この蓋が欲しい」という問い合わせが何件もあり、その度にお作りしていました。

そして最近、雑誌を見ていたら木の蓋付きのみるっこが登場していたのです。情報の伝わる早さにまず驚きましたが、それでも正式ルートから木の蓋付きがでることはとてもよかったので、僕は肩の荷をちょっと下ろした気持ちになりました。

14

210
リムプレート

15

HAKUBOKU

カップ

210リムプレート

φ210㎜
ウォールナット　オイルフィニッシュ
以前はローズウッドでも作っていたけれど、材料が手に入らなくなり、今はウォールナット材のみで展開。数種類あるサイズのうち、使いやすいと好評のこのサイズが定番化。持ち運びやすい軽さで割れる心配もなく、アウトドアでも重宝する。

インスタグラムなどのSNSを見ていると、自作の料理を写真に撮って投稿する人が増えています。カメラがよくなっているということもあるのでしょうが、そのどれもがまるで雑誌のページを見るような画像で、主婦たちは料理の腕はもちろんのこと、器の選択やスタイリング、そして撮影まで、かなり腕前を上げているな、と感じます。もちろん本当のプロから見れば全然だめで、逆に質の低下を嘆く人もいると思いますが、ただそれはあくまでプロの眼から見たもの。今のSNS現象は、主婦たちが受動的な外食の消費者であることから一歩進んで、能動的に自分の手を動かし、作る喜びを知った結果だと思います。そしていざ自分たちで作ってみると、(レベルの問題はさておき) とにかく楽しい。同好の友達にも出会えるし、家庭に縛られがちな主婦にとっては、それはこころを和ませる、とてもよいツールであるように思います。

そうしたなかで、ホームパーティーなども気軽に開いて楽しむようになりました。時々友達の家にお呼ばれすることがありますが、今は皆、へたな店で外食するよりもずっとおいしい料理を作ります。外でおいしいものを食べ、情報も豊富で、生半可なプロよりも上手な人もたくさんいます。このお皿は立食パーティーなどに向いていて、材もウォールナットだから落ち着いた雰囲気があり、使い心地は紙皿とは格段に違います。軽くて底面が広いので3種盛りぐらいにちょうど良く、グラスを置くための空きのスペースを残しておくこともできます。

主婦たちは雑誌の世界を身近に引き寄せ、自分たち自身が楽しむ世界へと変えているのです。

15

HAKUBOKU カップ

φ70×60㎜　ウォールナット
漆を塗っては拭き取る作業を繰り返す〝拭き漆〟を全体にほどこし、内側だけに白漆を塗ったもの。8年ほど前にコーヒーカップとして作ろうと思ったところ、中が真っ黒いとコーヒーが入った量がわかりにくいことから、内側だけ白漆にしたのが製作のきっかけ。

確か、白漆の器をはじめて10年ほどしてから、このカップを作ったと思います。漆の世界には黒と朱、色はこの二つしかありません。それは長い歴史のなかで淘汰され、残ってきた色ですから、漆が最も美しく見える色なのです。そのことを「必然の色」と呼ぶとすれば、白をできればもうひとつの「漆の色」となるように完成させ、それを暮らしのなかに溶かし、馴染ませていかなくてはならない。単なる試みに終わらせないために試行錯誤している頃、ノミで彫って、その上から白漆を塗る、という方法をはじめたのでした。

これはある画廊主に聞いた話ですが、「いい絵は、キャンバスや板など、絵が描かれている支持体に絵の具が強く食い付いて見えるもの」だそうです。だから「表面的で、薄っぺらな絵は、キャンバスの両端を持って床にトントンと落とすと、絵の具がパラパラと下に落ちてしまうように（実際落ちるというのではなく）見える」。これは絵の具の固着力のことではなく、その絵が人の心に強く食い付き、浸透しているか、その強さのことを言っているのだろうと思います。その絵の話と同じように、白漆で塗られた器物が、時の経過のなかで、暮らしにしみ込み、深みを増していくことができるかどうか。それが仕事の質に連なるのでした。白漆をどのように「自然」に近いところまで持っていくことができるか。それはいつも僕の頭のなかにあって、離れることがありません。

白と墨、と書いてハクボク。朱は高貴で、ハレの色ですが、白は清潔で、はじまりの色です。それが使い込まれて擦り切れて、雨漏りの粉引《こひき》のように、波止場の木の桟橋のようになったなら、と思うのですが、なかなか思うようにはなりません。

16

カトラリーケース

17

黒漆ボウル

16

カトラリーケース

270×90×40㎜
山桜　オイルフィニッシュ
山桜のほか、楢やチークなどの材でも製作されるケース。幅90㎜のものはカトラリー用として、同形で幅60㎜のタイプは、箸箱として使われることを想定。三谷作品のなかでも人気の高い木製カトラリーとの相性は言うまでもありません。

友人の家を訪ねた時、子どもが拙い手つきながら、木のスプーンを握って、上手にご飯を掬って食べていました。「もう自分でこんなにうまく食べるんだ」。その子のことは生まれたての頃から知っていましたから、あっという間に人間らしくなって、スプーンを使うようになったことが、成長の不思議というのか、道具がその子によって命を吹き込まれ、生き生きしているようで、道具というのはこんなふうに使われた姿が一番美しいな、と思ったのでした。

僕たちモノを作る人間は、機能を考え、美しく見えるようなかたちを考え、素材を吟味します。でも、本当は使われることではじめて道具として完結し、人々の暮らしに根を下ろします。つまり、モノはひとの手に触れてはじめて生活品になる。ですから、それ以前はいつも不完全な姿なのです。

カトラリーケースはテーブルの上にスプーンやフォークを入れて出すという、いわば家族で使う箸箱のようなもの。銘々の席にカトラリーを並べて置くテーブルセッティングとは違う、少しラフな会食に合うケースです。あるいは、洗った後のカトラリーを再びケースにもどしてそのまま引き出しに仕舞う、整理箱のような使い方もできるでしょう。名前を付けると、用途がそれに縛られることがありますが、もちろん使い方は自由。ペンケースでもいいし、鍋の時のお玉置きにもいいでしょう。

ある日、製本家の家にお邪魔した時、お土産にこのケースを持参しました。その方はお仕事でへらのようなものをたくさん使うそうで、「こういうケースが欲しかった」とさっそく道具入れにしていました。作業机の上に置かれると、木箱が少しだけキリッとしたふうに見えました。

17

黒漆ボウル

φ300×80㎜　山桜
別の場所に専用の工房を構えて本格的に漆をはじめた1996年頃から製作がはじまった黒漆（ノワール）シリーズ。大きめの皿から作りはじめ、徐々にカップなどの小さなものも。現在はφ130のボウルやトレイなどが、黒漆作品の定番アイテムとなっている。

器を作りはじめて10年ぐらいしてからのこと。厚い桜の板を刳《く》り貫《ぬ》いて、そこに植物オイルを塗布して仕上げる、という方法で仕事をしながら、もしも仕上げを漆でするとどうなるだろう、漆だともっと器の世界が広がるだろうな、と思っていたのでした。

ところが漆の技術を学ぼうと思うと、木工のように詳しく書かれた技法書がほとんどありません。それで松本から近い漆の産地である平沢へ出かけ、職業訓練所を訪ねたのです。ところが、地元に人材を残したいという理由から、住民票を移して平沢に住まなければ受けつけない、という制度だったので、すでに家庭を持っていた僕はそこまではできなかったのでした。仕方がないから、時々平沢に出かけては、漆の材料屋さんに使い方をひとつ聞き、地元の漆器組合へ行ってまたひとつ聞き、漆職人の家を訪ねては仕事の仕方を盗み見て、そうやってすこしずつ、漆の扱い方を覚えていったのでした。

そうして、覚えたての漆の技術ではじめて作ったのが、このボウルでした。ただ、デイリーユースできるような木の器を作ってきた僕ですから、漆だからといって、畏《かしこ》まった席でだけ使うようなものにはしたくありませんでした。やはり漆でも同じようにしたい、と思ったのです。そして木地をお歯黒で黒く染め、上から漆を塗るという、木地の質感が残る方法で漆器をはじめたのです。

そして20年近くが過ぎました。この間にいくつも作って、少しずつですが漆器との距離が近付いてきていると思います。ノミ跡の面が漆の光沢を得てカットグラスのように光り、その連なりが大きな塊となって、器でありながらどこか彫刻のような存在感を持つ。そんな印象の器ができたら、と思っています。

秋から冬

工房は林檎園のなかにあります。収穫前の林檎がたわわに実る時期、梶田真二さん、智美さんにお願いして「コーヒー茶会」を楽しむことにしました。お客様は陶芸家の安藤雅信さんご夫妻。梶田さんとも旧知の仲で、茶道の先輩にも当たる人です。まずは海原のように、林檎の木を上から眺めるテラスの席につき、ハーブティーとお菓子、栗のスープをいただきました。秋晴れの、澄んだ空気がとても気持ちのいい午後でした。

その後林檎園のなかを散策し、漆工房に設えた席に移動しました。築60年以上の、土壁が崩れそうな粗末な建物のなかに、湧水が落下する音が聞こえる、静かな時間が訪れました。安藤雅信さんは、陶芸家であり、「ギャルリももぐさ」の主人でもあります。送られてくる案内状には、毎回どうしてこの展覧会を企画することになったのか、その経緯や想いが詳しく書いてあって、その変わらぬ姿勢に、いつも感心しています。

左ページの白いカップは「三谷カップ」という名前がついています。ギャルリももぐさで開かれた「それぞれの茶の箱展」で、コーヒーを野外で楽しむために僕がデザインしたカップで、製作は安藤さん。蕎麦猪口より径が大きく安定感があり、それからは定番として作るようになりました。ところで梶田さん、この日はたいへん緊張されていて、お湯を注ぐポットの蓋が、カタカタと音を立てていたのを思い出します。

雪に覆われた松本の街を、丘の上から見下ろしていると、太古の昔からこの地形にへばりつくようにして生きてきた人間の暮らしが、ぼんやりと想い浮かんできます。変わらぬ自然の姿と小さな人の営み。人は煮炊きのため、あるいは暖をとるために、森から薪を運び、毎日火を灯して生きてきました。薪はすぐに消費され、そしてそれは何度もくり返されるけれど、暖まった部屋で火を見ていると、とても充たされた気持ちになってくるのです。

冬、夕方5時を回る頃には、辺り一面真っ暗に。そうすると僕は道具を仕舞い、夕飯の支度に掛かります。ものを作る仕事はもちろん好きなのですが、僕はそれと同じくらいに生活することが好きなのだと思います。工芸家はどうしても技術が興味の中心になりがちですが、それがなんのため、誰のための技術かと問い直すと明瞭でないことも多いのです。それは生活者のリアリティを失っているから見えなくなる、と思うのです。

小振りの鋳物鍋は、ホットワインを作るのに便利です。薪ストーブの上に鍋を掛けて、赤ワインにクローブなどのスパイスを加えてじんわり温める。ついでにパンも網にのせて炙れば、それだけで軽い食事の支度ができあがります。時にはこれくらいの軽い夕食も気持ちがいいもの。静かな冬の夜、本を片手に、ワインを飲みながら過ごすこのような時間こそが、小屋暮らしの本当の愉しみなのだと思います。

18

有次の庖丁

和心

19

白磁八角小皿

18

有次の庖丁
和心

刃渡り180㎜
「和心」は、1560年創業の老舗刃物店『有次』の家庭用シリーズ。4〜5年前に、京都・錦市場のお店を訪ねて購入。刃に名前入り。木製の柄と、多少キズついても表面を研げば新品同様になるのも魅力なんだとか。

動物は強靭な歯と顎の力で、肉の筋を切ったり、固い木の実の殻を割ったりしますが、人はそれができない分、手と道具を使って切ったり砕いたりします。庖丁はそのための道具のひとつです。食物を歯で噛み、粉砕することを咀嚼といいますが、人はまさに手と道具の力を借りて咀嚼しているのです。咀嚼にはまた「物事や言葉の意味を整理して理解すること」という意味もありますが、刃物を使って仕事をしていると、木の奥にあるもの、ものごとの奥に潜むなにものかを取り出しているように思うことがあって、「技術」というものには、そういう面があるのかもしれません。

庖丁は『有次』のものを使っています。有次は刀鍛冶としてはじまり、455年ほどの歴史の中、最も長く作り続けてきたのは、小刀や彫刻刀だと言います。それが明治になり、仏師や面打師の仕事が減ったため、庖丁や鍋に変わっていったのでした。京都は多くの手仕事が残っているところですが、ほとんどは、有次のように時代に合わせて作るものを変化させながら残っています。かたちより、技術のほうが普遍的なのでしょう。

有次の庖丁には真鍛（本焼）、上製（本霞）、特製、登録と、プロ向けのものから一般家庭向けのものまで百数十種類もあるそうです。僕の使っている「和心」というのは表面がステンレスで刃先部に鋼材を使用した3層鋼の庖丁で、切れ味の良さと防錆の両方の利点を備えたものです。「本霞」との比較を質問すると、値段が安いから切れないということはないと言われました。もちろん最高級といわれる庖丁の使い勝手は凄いのでしょうが、この「和心」も驚くほどの切れ味で、家で使うには全く不便を感じません。

19

白磁八角小皿

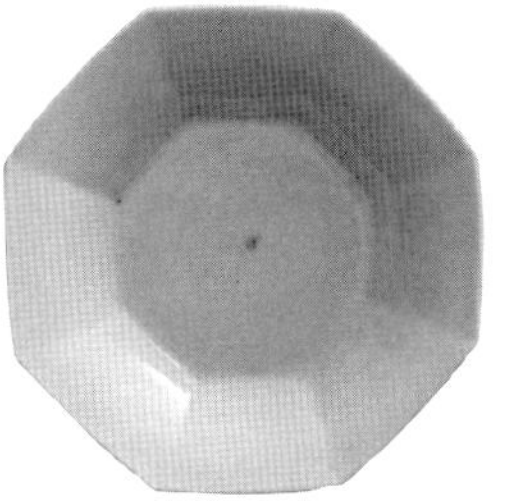

φ130×30㎜
九州の道具屋でいただいたもの。白い素地に不純物の少ない透明な灰釉をかけ、高火度で焼成した白磁は、6世紀後半から中国で生産がはじまり、日本では江戸時代初期の佐賀藩で朝鮮陶工によって作られはじめ、有田焼として名をはせるように。

気に入っている食器というのは、自然に使う頻度が多くなるものです。それはもう無意識で、知らず知らずのうちに手に取っている。この白磁八角皿がまさにそうで、取り皿が欲しいと思うと、決まって出てくる器なのです。大きさは13センチと小振りなのですが、古いものだからということもあるのでしょう、磁器なのに硬い感じがなくて、肌合いに微妙な調子があり、白も均質ではなくて、トロッと柔らかい。幕末頃の有田の窯で焼かれたものだと言います。轆轤で挽いて、その後型に押し付けて作る「型打ち成形」という方法で作られたもので、五枚揃いでしたが、薪窯だからか、組み直したのか、一枚一枚表情が違っていました。

その後、山本亮平さんが、同じ形、同じ大きさのものを展覧会に出しているのを見つけました。山本さんは古い有田の「写し」に取り組んでいる陶芸家です。山本さんは美大の彫刻科にいる時、黒田泰蔵さんの白磁に出会い、器に興味を持ったそうです。ただ山本さんの面白いところは、黒田さんのようなモダンを理解しながらも、その方向に向かうのではなく、古い産地である有田へ行き、窯業大学に転入したことでした。表面的なかたちを追うのではなく、「元に還る」、そういう意志が、強い人なのです。

昨年、有田の山本さんのお宅に伺うことができました。家の周りは古い唐津の窯跡が残る場所で、まさに源流に居を構えて仕事をしているという印象でした。唐津と有田の古窯を訪ねては、また作陶する。頭ではなく、からだにそのエッセンスを吸収することが、山本さんにとって納得のできるやり方なのでしょう。そして彼が薪窯で作った角皿が、近々届く予定です。

20

フィネル社の琺瑯片手鍋

21

コプコ社の鋳物鍋

20

フィネル社の琺瑯片手鍋

φ130×93×120(持ち手)mm
琺瑯製
長野県上田市にあったショップ「ハルタ」で見つけて購入した品。フィンランドのフィネル社製で、太めのハンドルが印象的なデザイン。デザイナーはP33と同じ、セッポ・マッラト。現在は製造されていないため、世界のコレクター垂涎の品。

ネイビーの落ち着いた色合いのボディと、マットな黒のハンドルの取り合わせがとてもきれいな鍋です。これは先の白い琺瑯パンと同じ、フィンランド・フィネル社のもので、デザイナーもまた同じセッポ・マッラトです。どちらもとても完成度の高い、素晴らしいデザインだと思います。マッラトさんのことを僕はよく知りませんが、なんでも1963年にアンティ・ヌルメスニエミのスタジオに入り、その一番弟子とも言われたひとだそうです。

鍋は直径が14・5センチと小振りなので場所をとらず、でも深さはあるので、意外にたっぷりと入ります。1〜2人分のみそ汁や煮物などにもちょうどいいし、揚げ物の時にも油の量を抑えられて具合がいいのです。それなのにこれくらいの大きさの鍋というのは割合少ない。デザインもよく整理され、しかも抑制が利いています。例えばハンドルと鍋本体との接合部分の処理など、熱くなる部分ですし、加重もかかるところですから、処理の難しい部分だと思うのですが、とてもあっさりと無駄なく収めています。それにハンドルの形状も簡潔で、持った時のバランスも申し分ない。それから蓋とツマミ部分の接合なども、裏を返すとビスの頭などがそのまま見えるものが多いなか、そこもきれいな処理がしてありました。本当に細部まで神経が行き届いているな、と感心します。デザイナーも、工芸の人も、作る時になにか他と違うことをしたいと思いがちなものです。でもかたちを誇張したり、必然性の弱い造形だと、その意図が使う側から見れば気になって仕方がなかったりします。それよりも、使うひとの目障り、気障りを極力なくして細部まで丁寧に処理し、全体のデザイン言語を抑制することが、ずっと大切なことだと思います。

21

コプコ社の鋳物鍋

φ210×100㎜　鋳物製
コプコ社は1960年にアメリカで設立された鋳物メーカーながら、この鍋シリーズなどはデンマークの鋳鉄メーカーとの協力で製作。デザイナーのマイケル・ラックスは、フィンランドに住んで、カイ・フランクのもとで働いた経験の持ち主。

こちらはアメリカのコプコ社の鋳物鍋です。1960年代に作られ、DANSKなどのデザインを手がけたアメリカ人、マイケル・ラックスのデザインということです。

コプコ社の鋳物鍋は他にもいくつか持っていますが、鋳鉄そのままのものはこれだけで、後は上から琺瑯をかけたものです。僕は鋳物が好きで、それにまた琺瑯も好きですから、ふたつ合わさった鋳物琺瑯鍋には、目がないのです。でも鍋が好きって、どういうのでしょうね。恐らく鋳物の質感と、永続的に壊れないだろう、その安心感と安定感がひとつ。それに琺瑯のエレガントなガラス質が加わることで、暮らしにより溶け込み、愛しいものになるのでしょう。

このお鍋はごはんを炊くのによく使います。電気炊飯器というのは台所で場所を取る器具ですが、鍋だったらほかにも使えるので収納問題をひとつ解決したことになります。それに鍋でご飯が炊けるようになると、大切な生活術をひとつ身に付けたようなうれしさも感じます。ごはんの炊き方は人によっていろいろですが、ぼくの場合は研いだお米1合に1カップの水を加え、30分〜1時間浸水させてから鍋を火にかけ、沸騰したら弱火にして12〜13分炊き、最後10秒ぐらい強火にして火を消します。蒸らしは10分ぐらいです。

鋳物の鍋は洗ったままだと錆が出て、置いておいた場所に大きなわっかが残ってしまいます。だから少し熱して水けを飛ばし、冷めてから仕舞うようにしています。

そうそう、この鍋で黒豆を煮たことがありますが、鉄なので、わざわざ鉄釘を加えなくても、豆が黒く煮えました。

22

村木雄児の唐津めし碗

23

岡澤悦子の半磁器リム皿

22

村木雄児の唐津めし碗

φ120×75㎜　陶器
瀬戸や徳島で陶芸を学び、現在は伊豆で作陶をしている陶芸家、村木さんの「無地唐津」の碗。文様などの入る「絵唐津」と違い、長石釉や土灰釉を素地にかけて、その釉たまりなどで景色を作りあげるのが特徴。素朴で温かみのある風情が人気。

30歳ぐらいから、少しずつですが作家の器を使いはじめました。焼きもののことはよくわからなかったのですが、不自然にかたちを誇張したものや、工業製品のようにツルッとしたものはいやだなと思っていて、そんななかで吉野靖義さんの唐津を見つけて、粉引の盃や絵唐津の小皿などを少しずつですが（お金もなかったので）、買っていました。それからしばらくして、「暮らしのうつわ花田」でいただいた岡伸一さんの白磁が気に入りました。それはミート皿でしたが、和でも洋でもどちらにでも使え、それでいて奥行きのある器で、いつまでも飽きることがありません。それをきっかけに、わが家の食器棚は「無地の白」が中心になっていったのです。そして、気がつくと唐津を使うことがまったくなくなっていたのでした。でも5〜6年ほど前でしょうか、村木雄児さんの薪で焼かれた六寸鉢を手に入れて、「やはり唐津はいいな」、と再発見したのでした。野菜の煮ものを盛りつけると本当においしそうで、この差こそまさに器の魅力そのものだと、改めて思いました。

僕が器の仕事をはじめた頃、華々しい現代陶芸の片隅に、それでもコツコツと「暮らしの器」を作るひとたちが存在していました。「生活陶芸」といわれるずっと前から、脈々と「暮らしの器」を自覚的に作る作家の流れは続いていたのです。僕たちは、そのひとたちの後ろ姿を見て仕事をはじめました。そして、その頃はまだ細かった流れが、この20年ぐらいでずいぶん大きな流れへと変わっていきました。「自分はどこにいて、どこへ行こうとしているのか」。暮らしの器をめぐって、この20年間に起こってきた工芸の変化と、その流れの意味を読み取ることを自分のこととして、考えていきたいと思っています。

23

岡澤悦子の半磁器リム皿

φ185×37㎜

器を作る時は「自分にとって一番大事なことはなにか？」という発想からはじまるという岡澤さん。日常の器作りが得意な彼女のホームページには料理レシピも掲載されていて、「暮らしのなかから生まれたかたちを大事に丁寧に作りたい」「素直なかたちが好き」という哲学が見える。

岡澤さんは松本に生まれ、陶芸を九谷で勉強した後、帰郷して工房を構えました。そしてつい最近、住まいと工房を安曇野に移したのですが、いい機会だからと、そこを訪ねることにしました。家はどこまでも広がる林檎園のなかにあり、目の前には北アルプスが広がっています。家にお邪魔すると、壁は一面白く塗られていて、明るくて、とても気持ちのいい仕事場でした。それを見ただけで、岡澤さんが日々の仕事の時間、そして暮らしの時間を大切にしていることがすぐにわかりました。岡澤さんから「毎日の食事は、楽しくほがらかに食べること」を心がけている、と以前伺ったことがありましたが、暮らすことと作ることが、とても近い関係にある陶芸家なのだと思います。

岡澤さんの器は白だけれど、ちょっと温かみのある白です。半磁器の器肌はマットで、全体に柔らかな印象があり、洋菓子をのせても合うし、晩ご飯のおかずの取り皿に使ってもよく、その受け止める幅の広さ、使い勝手のよさが、とてもいいのです。この取り皿は打ち合わせながら僕が図面を引いたものですが、出来上がりのイメージがよくわかっているからでしょう、細かなところまで神経を使って、仕上げてくれました。また、10センチの食事会にも積極的に参加してくれて、自作のお皿についてお客様がどんな反応を示すかを、とても気に掛けてくれます。同席の人々から「おいしい」と笑顔があふれる時には、一緒に自分の器も受け入れてもらえたと感じ、嬉しかったと話してくれました。それを聞いて「暮らすことが好きで、器と料理の気持ちいい関係に興味がある」と書いていたひとらしいと思いました。

24

ベングト・EK
デザインの
アルミニウム
ダブルタイマー

25

H・M キッチンストーブ

24

ベングト・EKデザインのアルミニウムダブルタイマー

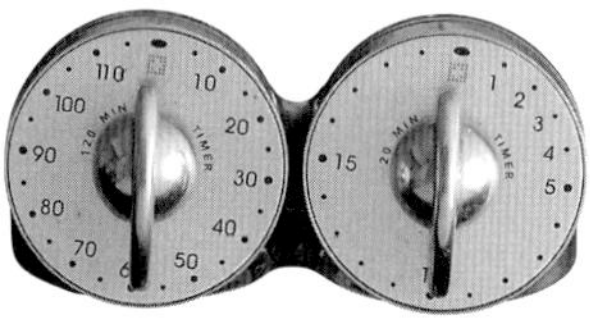

120×60×80㎜
アンティークのように見えるけれど、「ダブルタイマー」の商品名で今も販売中の現行品（ちなみに「シングル」もあり）。『ベングト・EK　デザイン』は、1975年にデザイナーのベングト・EKが父親と一緒に設立した会社で、シャープかつ無機的なデザインで高い人気を誇っている。

右側は、20分、左側は120分というふたつの時間を計れるタイマーです。パスタの茹で時間、ごはんを蒸らす時間などは右側を、煮込み料理や肉のブロックをローストする時などは左を使います。もちろん煮込みを続けながら、出来上がり時間を合わせてほかの料理を作ることもありますから、そんな時は両方同時に使うこともできます。ベングト・EK　デザインというスウェーデンのブランドで、サーブやボルボなどの車にも見られる、スカンジナビア特有のデザインセンスを感じます。

このキッチンタイマー、ベルリンに行った時、偶然入った店で手に入れたものです。店は30坪ぐらいで、セレクトショップのような印象でしたが、その品揃えのよさにはびっくりしました。機能的で、余分なものを排除した、いかにもドイツデザイン好みで選ばれたものばかりで、ベルリンだったらぜひこういうところに来たかった、と思っていたとおりの店だったので、興奮しました。この日僕が買ったのは、9ミリ芯の入った色鉛筆ホルダー6本セット（ヌメ革のケース入り）、アルミ製の旅行用歯ブラシ入れ、折り紙のように開く革製コインケース、そしてこのキッチンタイマーでした。帰りがけ、店内にあったカタログを見つけたのですが、背表紙が2センチもある立派なもので、なかには膨大な商品が掲載されていました。センスのいい店だと思っていたら、ミュンヘンに本店のある、かなり大規模な店だったのです。

帰国して2ヵ月ほどすると、その店、「マヌファクトゥム」から新しいカタログが送られてきました（それもびっくりでした）。カタログを開くとまた魅力的なモノが紹介されていて、僕はまた、スリッパ、照明器具、そして革の座布団などを注文してしまったのでした。

25

H・M キッチンストーブ

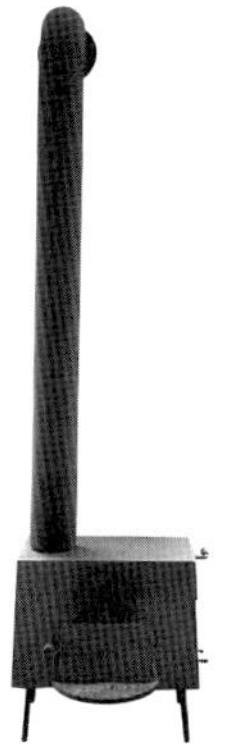

本体＝600×600×370㎜
暖炉・薪ストーブ専門店『憩暖』のオリジナル商品で、同店サイトでも扱っている「H・M（Harf moon）キッチンストーブ」。デザインは三谷さん（製作：金沢図工）。オーダーメイドで、納期は約2ヵ月後。上でお湯を沸かしたり、燗酒を作ったりも（P104）。

薪ストーブはからだの芯の部分まで暖まるから、寒い日に外に出ても、すぐにはからだが冷えない感じがします。遠赤外線というのでしょうか、部屋の空気だけでなく床や壁まで暖めるから、暖かさの質が違っていて、暖房としては格別のものだと思います。

僕はこれまでふたつの薪ストーブをデザインしました。そのどちらもが扉の前に半月形の灰受けが付いていて、そのかたちからハーフムーン（H・M）と呼んでいます。写真のものは、扉を開ければ暖炉のように火を楽しめ、上部にオーブンが付いているタイプです。このストーブは厚さ9ミリの鉄板を溶接して作っていますが、20年間、冬の間中、毎日使ってもびくともしません。薪ストーブには他に鋳物でできたものもありますが、本体が熱くなるまでに時間がかかるため、朝、すぐに部屋を暖めたい時には鉄板製のほうが向いているように思います。

以前「薪ストーブのそばで」というイベントを10センチで開いたことがあります。その時はほとんどの料理をこのストーブを使って調理しました。燃焼室で薪を燃やすと、窯のなかは230度ぐらいに上がり、オーブン料理、野菜の蒸し焼きなどが作れます。またストーブのトップは、間にオーブン層があるため少し温度が低く、煮込み料理の保温などに適しています。

ところで、家庭の暖房は今、ほとんどが石油や電気に頼っていますが、災害などでもしもそれらが止まるようなことがあった時に、薪ストーブは役に立つだろうと思います。燃やすものは廃材を探せば何とかなりますから、とりあえずはこれで暖をとり、そして調理をする。そう考えると、備えとしての薪ストーブ、というもうひとつの価値が浮かんでくるように思います。

26

オランダの
アンティーク
カラフェ

27

神代五寸
四方皿

26

オランダのアンティークカラフェ

φ135×170㎜
京都の古道具屋で購入。後日、三谷さんが松本民芸館のガラス展を訪れたところ、このカラフェとそっくりのものに遭遇。説明にはイギリス製と書かれており、「購入時にはオランダ製と聞いたけど、実はイギリスかも……?」と。無骨なガラスの厚みに味わいが宿るアンティーク。

18世紀頃のヨーロッパはガラス工芸の全盛期で、オランダ、チェコ(ボヘミア)、イギリスがその中心地だったそうです。このカラフェも、その頃のオランダで作られたものらしく、不純物を多く含んだ、透明度の低いくすんだグリーンをしています。日本にガラスの製法を伝えたのもオランダ人だそうで、「ギヤマン」も「グラス」も、どちらもオランダ語らしい。かたちは少しひしゃげていますが、重心の低い胴をしていて、底部に深い窪みがあり、手に持つと中指がすっぽりと入ります。注ぐ時は、底部に深く入った中指と外側の親指とで挟むように摑むと、片手で持って注げるように工夫されています。

僕はどちらかといえばガラスのツルッとした質感が苦手なところがあって、よくわからないというのか、気持ちの引っかかりが持てない時期がありました。恐らく木とか、土ものとか、ひとによって素材の好みや相性というものが、なんとなくあるのでしょう。シャープな金属のようなものが好きだとか、キーンと緊張感のある薄いガラスの透明感が好きだとか。そして僕はおそらく土っぽいものが好きなのでしょう。ざらっとした質感のものや、素材と親密に交感できるようなものが好きなところがあって、だから、ガラスでも少し歪みや調子のあるものが好きなのです。それは言い方を替えれば、「きれいすぎるものがダメ」ということなのかもしれません。

窓際に置くと、光を通したガラスは本当にきれいです。この光は、ガラスにしか出せない魅力です。ガラスはどちらかというと、触覚的であるよりも、やはり視覚的な要素の強い素材なのだと思います。

27

神代五寸四方皿

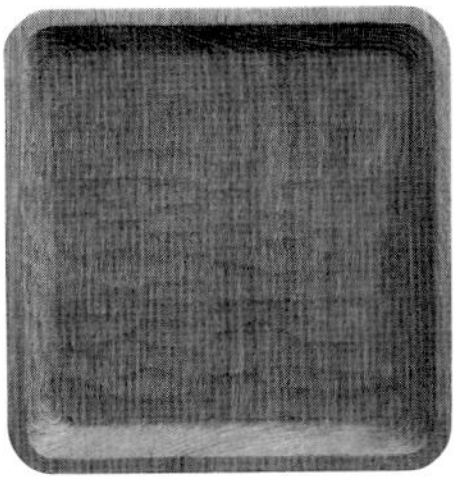

150角（五寸）×20㎜
神代楡　オイルフィニッシュ
1998年頃から作られはじめた五寸の四方皿。最初は六寸で作っていたけれど、「少し小さいほうが使いやすい」と考えて五寸のサイズに行きついたそう。オイルフィニッシュ仕上げのほか、漆を塗ったタイプも用意。素材は、山桜製も。

美術大学工芸科の学生は、ガラス、木工、陶芸など、いろんな素材をひと通り授業で経験するのだそうです。そのなかから自分に合った素材、興味のある素材を見つけてもらおう、ということがその目的なのだと思いますが、多くのひとは「この素材が自分に合っている」と、なかなか判断できないのではないか、と思いました。僕の経験からいっても、自分が木に合っている、と思えるようになったのは何十年も木の仕事に携わった後のことでした。その理由も、「ずっと飽きずに木に興味をもち続けることができたから、ひょっとすると相性が良かったのかもしれない」といった程度で、長い経験を振り返ってみて、はじめて理解できたことでした。だから木工を仕事に選んだのも、自分の意思で決めた、というより偶然「出会った」という感じのほうが近いような気がしています。頭で理解するその前から、すでに「出会っていた」ということなのかもしれません。そう考えると「探す」とか「見つける」ことも大切ですが、「出会う」ことのほうがもっと大事なのかもしれないと思えてきます。もちろん、頑張れば出会えるというわけではないですが、ただ、出会うための準備のようなことはできるのかもしれないと思います。

技術との出会いもありますが、素材との出会いというのもあると思います。僕はまず桜の木に出会い、オイル仕上げに出会って、器を作るようになりました。その後さまざまな木を使ってみて、神代楡《じんだいにれ》という素材に出会ったのでした。この木は土のなかで1000年以上埋もれていて、自然にグレー色に変化した楡の木で、織物のような木の繊維が美しく繊細で、人工的には決して出せない色と表情をしているのです。

28

角偉三郎の合鹿椀

29

岡田直人の耐熱鍋

28

角偉三郎の合鹿椀

φ140×110㎜
通常の塗り椀よりはるかに大きく分厚い合鹿椀。石川県鳳珠郡柳田村（現・能登町）合鹿辺りで、室町時代から農民の日常雑器として作られていた。歴史に埋もれたその椀を再発見し、現代に繋げたのが角さんで、以後、彼の作品が代名詞的存在に。

角偉三郎《かどいさぶろう》さんの合鹿椀《ごうろくわん》は、まるで水底に沈んだ樹木のように少し陰りがあり、漆の奥には欅《けやき》の粗い木目が透けて見えます。それは静けさと荒々しさ、艶やかさと力強さが同居するような、他にない漆椀だと思います。角さんが作品を発表しはじめたのは60年代はじめでした。それは前衛の時代、革新の嵐が吹き荒れていた時代でした。当初は沈金で細密な絵を描いて発表していましたが、その後、美術工芸界の現状に疑問を感じるようになります。そしてその頃、能登の旧柳田村に残る合鹿椀に出会い、それからは合鹿椀が作品の中心になっていきました。

輪島には明漆会のメンバーであった奥田達朗がいました。僕は奥田達朗のことはほとんど知りませんが、角さんより8歳年上で、彼も合鹿椀に心酔し、合鹿椀が庶民の生活道具であったことを愛した一人だったと聞きます。そして彼は、「使わない漆器が氾濫しています。実はこの事が現代の漆器産地の栄華です。無用な形、不必要で無能な加飾、わたしの生きている母なる国、輪島がこの様な事に一番熱心です」と現代漆芸に対して痛烈な批判をしています。

残された椀を見ると、奥田が静なら、角は動、という印象があります。奥田は元に還ることと、そして庶民のための実用の椀を求めたのだと思います。でも、角さんの場合は、奥田のような漆器のあり方に共感しながら、その一方で漆という素材の持つ可能性を追求する欲求を抑えられなかったのではないでしょうか。「漆でなにができるか」。時代もあったと思いますが、それを知るために漆芸の解体と再構築を試み、作品を作り続けました。それが指で漆を塗ったり、漆樹液を直接垂れさせたり、普通の漆職人から見れば考えもつかない方法に結びつき、前へ前へと進んでいったのだと思います。

29

岡田直人の耐熱鍋

φ250×65㎜
使ううちに入った貫入も美しい鍋。作者は愛媛県松山に生まれ愛知で陶磁器を学び、現在は石川で作陶を行っている岡田さん。白釉の柔らかい白さが特徴的な器を多く手がけ、和のデザインのほか、スープボウルやココット、マグカップといった、現代の食卓に溶け込む器も人気。

鍋には、周りにひとを集める力があります。蓋の間から立ち上る温かな湯気。部屋中に広がるおいしそうな香り。その熱々の料理に、知らず知らず、ひとは引き寄せられます。それに鍋は準備もたいへん簡単です。野菜を切ってお肉を盛りつけ、後は全てテーブルの上で調理できるから、一人だけ台所で支度、ということがないのも嬉しいものです。

でも、土鍋を見るたびに思うのですが、どうしてあんなふうに派手なかたちのものが多いのでしょうか。クロワッサンのようにギュッと捻った大振りな取っ手。山のようにそびえ立つ蓋。まるで歌舞伎役者が見得を切っているみたいです。確かに「今日は鍋」となれば、ちょっとわくわくした気分にもなりますし、それがお店だったら、場を盛り上げるための演出も必要かもしれません。でもそんな要請があったとしても、ちょっと家の食卓には派手すぎます。

家で使うことを考えると、もっと普通でいい、普通であって欲しいと思っていました。もともと鍋だから図体は大きいし、それにあの装飾が加わるのですから、棚のなかに収めた時、土鍋だけが特別浮き出てしまうのです。そして、同じように感じていたひとも多かったのでしょう、ようやく器と同じような、土鍋らしくない土鍋を作るひとが増えてきました。いや、陶芸家に聞きますと、厳密には土鍋と耐熱鍋は少し違うものらしい。伊賀などでずっと作られているのは土鍋ですが、耐熱鍋はペタライトという熱膨張率の少ない鉱物を耐火粘土に混ぜたもので、土だけの土鍋とは区別されるのだそうです。岡田さんのは耐熱鍋なのですが、それでも使っているうちにグレーに色が変化して、貫入も細かく入ってきたので、経年変化を楽しみながら使える耐熱鍋だと思います。

30

照宝のアルミ鍋と徳利

31 酒器盆

30

照宝のアルミ鍋と徳利

鍋：φ170×88㎜
徳利：φ70×135㎜
熱伝導のいいアルミ鍋は、燗酒を作るのにぴったり。壺屋焼の徳利は古道具屋で購入したもの。壺屋焼は沖縄県那覇市壺屋の焼き物で、300年以上の歴史を持つ伝統工芸品。大別して上焼《ジョーヤチ》と荒焼《アラヤチ》があり、三谷さんの徳利は上焼。

僕がよく行く立ち飲みバーでは、石油ストーブの上に、常にアルミの鍋が掛かっていて、お客は酒の入ったちろりを自分で湯に落とし、燗をする仕組みになっています。冬はこの光景が定番のようになっていて、やはり寒い地方には熱燗が似合うな、と思います。僕もからだが冷えやすいせいもあって、家では薪ストーブに鍋を掛け、徳利燗にして呑んでいます。鍋は横浜中華街にある照宝のもの。竹の蒸籠とセットで買ったものですが、燗をするのにちょうどいいので、鍋だけ使っています。燗酒は沸騰するくらいのお湯で、約2分で熱燗、1分でぬる燗と言いますが、このストーブでは沸点まで温度が上がらないので、割合ゆっくり、上燗、ぬる燗、人肌燗など、その日の気分で楽しんでいます。

昔、祖父の家に箱火鉢があって、隅に燗を付けるための金属箱が付いていました。あの頃はまだ、燗酒が日常風景に根付いていたのですね。今は暮らしから日本酒が少し遠くなったのか、燗をする風景も家庭では少なくなっています。でもその一方で、日本酒は以前より格段においしくなっていますから、近い将来、再び日本酒と暮らしが結びつくようになるかもしれません。近年、地方の酒蔵の努力によって、日本酒にも多様性が生まれ、しっかりしたボディのもの、熟成酒、あるいは日本酒を温度の違いで味わう「燗上がり」するような酒も作られるようになりました。

このようにますます酒の楽しみが増えることは、酒好き（といってもたいしたことはないですが）には嬉しいことです。それでも酒は愉しみで呑むものですから、わけ知りな蘊蓄などは横に置いておいて、自由にちびりちびりと、勝手気ままにいきたいものだと思います。

31

酒器盆

深盆：198×295×60㎜
ウォールナット　オイルフィニッシュ
お猪口は左から内田鋼一さん、島るり子さん、岸野寛さんの作品。箱は三谷さんの作で、栗製の布巾入れ、壺屋焼のお銚子、漏斗とともに常備しておけば、取り出すだけでいつでも酒席が整い、燗酒を楽しめる。深盆は、トレイとしても自由に使える。

戸棚を開けると、いつでもはじめられるようにお酒を呑むためのセットが組んであります。右上から銚子、漏斗《ろうと》。そして鍋から銚子を上げる時に底を拭き取る布巾入れの箱。そして盃3つです。銚子は沖縄壺屋で作られたもので、上下が白とグレーのかけ分けになっています。磁器の漏斗はイギリスのNUTBROWN社のもの。でも実際は漏斗ではなくて、パイファネルという、パイを焼く時、皿の真ん中にひっくり返して煙突のように立てる調理器具なのだそうです。お菓子作りは門外漢ですが、ただ漏斗としては丁度よくて、随分重宝しています。

小山富士夫は『やきもの紀行』の「白石」のなかで、汽車土瓶についていた、かわいい茶碗の話を書いていました。「茶碗は一銭にもみたない安いものだった。しかしちゃんと轆轤でひき、底は糸切りのままの切りっぱなしで、素直な、美しいその姿もいいし、千度足らずの低い火度で焼いたやわらかい感触が実にいい。永楽の金襴手や木米の名盃でのむより僕にはこのほうがずっと性に合う」。自分の持っているものは何でもない3級品だが、それがどんな名品にも負けていない、という切り返しは、器のことを書いた本によくでてきます。モノの価値は、値段や評判に惑わされてはいけない、曇りない眼を持ちなさい、ということを伝えたいのでしょうが、あまりに決まりきっているので、まるで印籠を出して「これが眼に入らぬか」と啖呵《たんか》を切る、水戸黄門翁のようです。でも、困ったことにこのお決まりのシーンは、何度聞いても、胸がすーっとして、拍手を送りたくなるのです。これが酒を呑みながらだと、余計に気持ちがよくなってくる。「どんな名品にも負けない」価値が、自分の座右身辺にある。「世の中、そうでなくっちゃね」と相槌を打っている自分に気付いて、可笑しくなってきます。

32

古いワインオープナー

33

ボデガのグラス

32

古いワインオープナー

オープナー115×木製ハンドル72㎜
普段は、使いやすいソムリエナイフを使用することが多いものの、ワインオープナーのかたち自体が好きなので、海外ののみの市などで見つけるとつい買ってしまうそう。なかでもこのオープナーは、スウェーデンの田舎で出会ったお気に入り。

酒とか莨《たばこ》とかの嗜好品は、それを取り巻く道具類にもよくできたものが多くあります。喫煙具は、愛煙家たちが長い時間をかけて創意工夫を繰り返し、生みだした小物があり、そこから彼らの並々ならぬ莨への愛が伝わってきます。そして初心者はその道具を手に入れて、学び、使いこなすうちに、莨の豊かな世界に触れることになるのです。例えばパイプ莨は、ブライヤーでできた本体も魅力ですが、豊富な莨の種類、周辺道具の革のポーチ（ケース）やタンパー（火のついたボール内の莨を押さえて加減する道具）など、なにを選び、組み合わせるか、いわばそこのところに道具哲学のようなところがあるのです。

そしてワインにも、周辺に魅力的な小道具がたくさんあります。グラス、デキャンタ、チーズカッター、そしてオープナー。食卓ではそのひとつひとつが、小さいながら存在感のある脇役として場の雰囲気を高めてくれます。そんな好みの道具のひとつが、このワインオープナーです。スウェーデンの田舎で買ったものですが、鉄の色合いと木の色合いが、どちらも時間の経過で同じようになっていました。新しい時にはそれぞれの素材の違いが明らかだったはずですが、風化することでひとつに溶け合い、まるで小さな雫が小川になり、やがて大きな流れとなって海に流れるように、物質も同じところへと、ゆっくり近づいていっているように見えるのです。

そこには長い長い、時間の経過があります。僕たちは莨を燻らし、あるいはお酒を口のなかで味わいながら、この道具が語る旅の物語へ耳を傾けます。その物語を聞くこと、道具と共に暮らすその静かな時間こそが、僕たちの愉しみなのだと思います。

33

ボデガのグラス

φ82×59㎜　全面強化ガラス
スペインとフランスにまたがるバスク地方で伝統的に使われているシンプルな円柱形のグラス。現地では、家庭やバルなどでワイングラスとして使われることも多い、ポピュラーな製品。約120度の温度差に耐えることができる強化ガラスタイプなので、ホットワインもOK。

バスク地方で200年近く前からずっと使われ続けているガラスのコップです。1825年創業のイタリアの老舗ガラスメーカー、ボルミオリ・ロッコ社のもので、耐熱だからホットワインなどにも平気で使え、底が広くて安定感があり、スタッキングができて、しかも強化ガラスだから衝撃にも強い。それでいて日本で買っても数百円なのですから、地元では本当に廉価なコップなのです。しかもかたちがきれいで、安っぽさがないというのですから、どこから見ても長く愛される理由を持っているグラスなのです。翻って胸に手を当て、自分たちの作るものはこれほどひとに役立つ道具であるかと、自戒しなければならないでしょう。

そういえば小説も芝居も、元々は娯楽からはじまったものでした。それがちょっと難しいことを考えるのが好きなひとがいて、しかもそのほうがちょっと格好よく見えるからなのか、少しずつ難しく、高尚なもののように扱われるようになっていったのでした。でも娯楽という、多くのひとを愉しませることは、とても大切なことだと思います。

1990年頃から、日本でも雑貨屋さんが和食器を扱うようになりました。そしてこのボデガやなべ摑みなどと一緒に、作家の器が棚に並ぶようになりました。茶碗や皿なのだから、生活者の場所にあることは、至極順当なこと。このことが健全な場所に工芸を戻したことになったのだと思います。工芸は、まずは「生活を楽しく、豊かにするためのもの」。このボデガのグラスのように、あるいは普段着ているファッションや家のインテリアとおなじように、暮らしの近くにあって、そこで生き生きと輝いているものでありたいと思うのです。

上段右より
岐阜・多治見にある「ギャルリももぐさ」の安藤雅信さんによる端正な品。／表面に入った貫入（釉薬のヒビ）が印象的な、広島在住の寒川義雄さんの片口。／涙形の片口は「7〜8年前まではこのかたちをよく作っていた」という三谷さんの作。
中段右より
P90でも紹介している村木雄児さんの唐津焼。／三谷さん作の円筒形1合入り片口（最近はもっぱらこのかたちが多いそう）。／長野・伊那で作陶している島るり子さんの徳利。
下段右より
P106でも紹介している壺屋焼。／韓国を訪れた時に買った古い徳利。／京都の古道具屋で、肌の美しさに魅かれて求めたアンティークの白薩摩。

34

酒器について

日本酒には洋酒と違う、独特の楽しみの世界があるように思います。「今夜はどれで呑もう」と、片口や猪口《ちょこ》のことを思うだけで、気持ちはグーンと日本酒モードに振れるのです。テーブルに折敷《おしき》を広げると、それだけでしっとりとした情緒が漂う。肴は葉物のお浸しとか、油揚げの焼いたのとか、手軽なものが少しあればいいのです。料理を盛る器は、整いすぎたものより、ちょっと歪んだもので十分。その時ばかりは普段使っている洋食器が、冷たく遠いものに感じます。こうした気分に染まりはじめると、酒器は多少酔っぱらっても転ばぬような、そして手取り感がよく、唇に触れた時すっと酒が入ってくるものが欲しくなってきます。日本酒は喉ではなく、下腹で呑むようなところがありますから、きれいすぎず、どこかに野を感じるものがよいのです。

酒は古代からあったと思いますが、当時は貝殻とか、木を刳り貫いたものを使い、その後は簡素な木杯や、今も神社のお神酒などに使われているような土器《かわらけ》が使われるようになりました。そして今僕たちが使うような酒杯と徳利がでてきたのは、室町後期になってからだといいます。

夜が長かった昔は、月を友として、灯火器のわずかな灯りの下で、盃を傾けたことでしょう。月光浴とばかりに庭に縁台を出し、そこで酒を酌み交わす。白磁の徳利に描かれた秋草の絵は、酒を呑む時間、ずっと親しく側にいてくれた野草が、そのまま絵になったのだろうと思います。そんな夜の静けさ、闇の暗さを、現代の僕たちは忘れてしまっています。都市の暮らしは、暗闇をすべて照らして明るくしてしまい、陰影のない、平板な夜にしてしまいました。

それでも酒だけは、再び夜との付き合いを取り戻す、よい友となってくれるでしょう。

上段右より
吉祥寺の「CINQ（サンク）」で購入したシンプルな一品。／スウェーデンの田舎町のアンティークショップで。持ち手の角度が気に入って購入。／名古屋のアンティークショップで見つけ、もっぱら薪ストーブの上に置いている。
中段右より
福岡の古道具屋で、箱に入った新古の状態で発見。／ずんぐりしたカタチに魅かれ、前出の「CINQ」で購入。／デンマーク・コペンハーゲンののみの市で見つけた品。
下段右より
ひと昔前の日本でよく見られたアルミの鋳物製。／中段右のものに似ているが、一回り大きいサイズ。松本の金物屋さんで。／フランス・バンフで出会い、一目ぼれ。大きいので日本まで持ち帰るのにひと苦労だったそう。

35 薬缶のこと

どうして薬缶がこれだけ必要なのかは、みなさん疑問を持たれることと思います。まず、ご存知の方も多いと思いますが（言い訳です）、漆を乾燥させる室《むろ》内は湿度が必要です。でも僕の漆工房には水道がないため、薬缶に水を入れて運んでいるのです。また僕には、自宅、仕事場、店と3ヵ所あって、それぞれにキッチンと薪ストーブがあります。そこで薬缶が都合6つ必要になり、とそんな具合で……。

前にも書きましたが、20代の頃所属していた劇団で、薬缶が理由で怒られたことがありました。「薬缶を愛する暇があったら、ひとを愛せよ」と。もっともな意見で、今も時々思いだしますが、この叱責が心に深く残ったために、「モノよりひと」という僕の基本的な立ち位置が決定づけられたのでした。

それからは、努めてひとの暮らしの側に心を寄せて仕事をしてきたつもりです。でも、モノに対する興味というのか、好みというのは、これも結構根深いもので、「薬缶への愛」も、止むことはありませんでした。そうなんです。必要だから買いましたと、はじめに述べましたが、白状します、実はこんなにはいらないし、こんなにいろいろなかたちも必要ありません。出来のいい薬缶を見ると、つい欲しくなって、買ってしまうのです。だって薬缶は面白いんです。取っ手の付け方はとても工夫があり、素材や仕上げも、琺瑯、ステンレス、アルミとそれぞれに魅力がある。薬缶に水をいっぱいにすると結構重い、しかもそれを注ぐ。こんな難題がいっぱいのところを見事にクリアした薬缶というのは、実に魅力的なもの、だから……。

木の器のお手入れ

自然の無垢の木を、ノミや轆轤の刃で削って器にしています。それに植物油と蜜蠟をブレンドしたものを塗って仕上げているのですが、この仕上げをオイルフィニッシュといいます。オイルフィニッシュのよさは、木そのままの素材感が生き生きとでること。他の方法では、このナチュラルな素材感は生まれません。木に水が付くと、少し色が濃くなります。これを濡れ色といいますが、オイルを塗るとこの濡れ色に仕上がります。無塗装というのも、乾いた感じがあっていいと思いますが、汚れが付きやすく、オイルを塗布したほうが取り扱いは楽になりますし、オイルによって木目も浮き出て、落ち着いた感じになります。

素材によって、あるいは同じ桜の木であっても、元々の性質の違いや、生育した地域や場所によるその環境の違いがそのまま性格として残ります。木の色合い、硬さや密度などもさまざまです。その違いは仕上がりにも影響し、使いはじめてすぐに艶を増すものもあれば、何度かオイルを塗って育てていかなければならない器もあります。ひとの肌もカサカサしたらクリームを塗って手入れすることが必要ですが、木肌もそれと同じ。カサついてきたら、油分を与えてください。乾燥しすぎると肌がひび割れてくるのと同じように、木も割れやすくなります。

乾燥肌といいますが、木にも同じようにカサカサになりやすいものもあり、そうでないものもあります。合板のように均質ではないですから、木肌を見ながら、乾いてきたな、と思ったらキッチンペーパーに植物油を落として、たっぷりと乾いた木肌に塗ってあげてください。そうすれば、使いはじめの時とはまた違う、時間の経過した木の魅力的な色合いがそこに現れることと思います。その使い込んだ後の表情が、木の最も美しい色合いですから、それを楽しみながら木の器を育てていただけたら、それは製作者の喜びでもあります。

椅子も、家の床も、そして木の器も、木の魅力は使い込んではじめて生まれるものだと思います。毎日座っている木の椅子の肘掛けの艶。飴色になった木の取っ手。木のものはよく使うことが一番で、ちょっとその過程で、ただ汚れた、という段階もあるかもしれませんが、そこを越えると、きっとよくなっていきますので、長く、使っていただきたいと思います。

木の器にはお手入れがいります。それは化繊の布より、ウールやシルクの布のほうが、少し手間を必要とする、その違いと同じです。合板などより、手入れや気を付けることは少し多いかもしれませんが、その分、自然の風合いや使い心地のよさなど、別の贈りものがそこにはあります。手をかけないですむことも価値ですが、付き合うことで生まれてくる価値もあります。木に限らず、自然との付き合いには、どこかひとの側が手間をかけて関わる、ということが必要なのだと思います。

お手入れについて、「漆にもオイルを塗る必要がありますか」、という質問を受けることがあります。言葉が足りなくていけないのだと思いますが、お手入れが必要、というのは無垢の木の器に限ってのことで、漆にはオイルを塗る必要はありません。漆は、洗った後は、乾いた布巾で水けを拭いて、よく乾かしてからしまっていただければそれだけで大丈夫です。

オイル仕上げの、自然な木肌を、楽しんでいただけたら、嬉しいと思います。

お皿の場合

今回は、無垢の木のお皿とスプーンを例にお手入れの仕方を紹介します。116ページにあるように、基本は、器がちょっと乾いてきたと思ったら、オイル（左下参照）をキッチンペーパーに含ませ、全面に塗り込むだけです。このひと手間で、器の寿命はグッと延びます。そして、美しい年の重ね方（経年変化）をしていきます。

乾燥して縁が欠けたり、ささくれができてしまったものでも、ほんの少し手をかけたスペシャルケアを施せば、新品同様に生まれ変わります。先の2つのアイテムに、3種類のサンドペーパーを用意し、「削る」という工程をプラスするだけです。次のページから順を追って説明しますので、ぜひトライしてみてください。

目の粗いものから細かいものまで数種類のサンドペーパーを用意します。今回は180、240、320の3枚。この順番でヤスリをかければ、ある程度大きな傷も目立たなくなり、表面もなめらかに仕上がります。

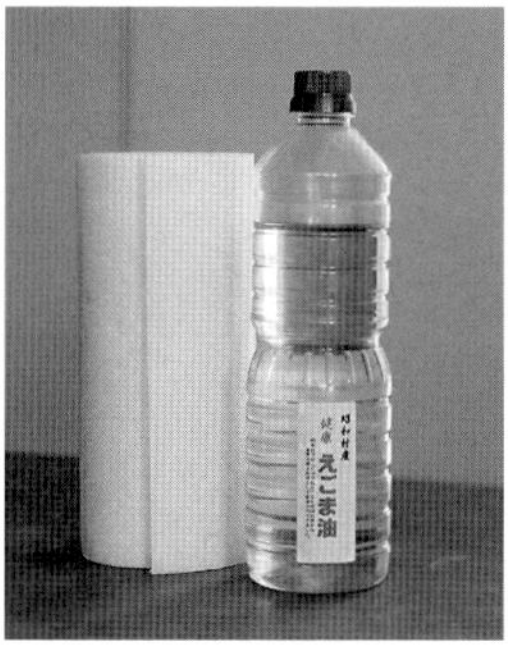

お手入れ用には、〝乾性油〟である荏胡麻《えごま》かクルミ（ウォールナット）のオイルがおすすめ。自然食品店や大きなスーパーで見つかります。オリーブオイルなどの不乾性油は、拭いた後にベタつきが残るので避けます。

使ううち、縁が欠けたりささくれたりするのも木の器ならでは。簡単なお手入れでよみがえります

削る

1）ささくれだった部分を取り除き、180番のサンドペーパーを二つ折りにして軽くやすり掛けし、キズと周囲をなじませます。

2）キズ部分だけでなく、広範囲にやすり掛けすることでキズが目立たなくなります。

3）240番を使ってさらに広範囲をやすり掛け。表面・側面ともに木目に沿って全体に（裏も忘れずに）。

4）320番で全体をまんべんなく磨いて、表面を整えます。

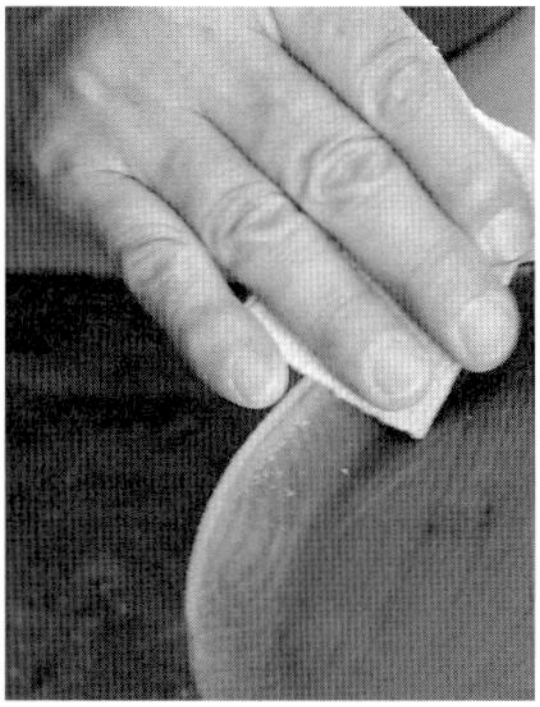

1

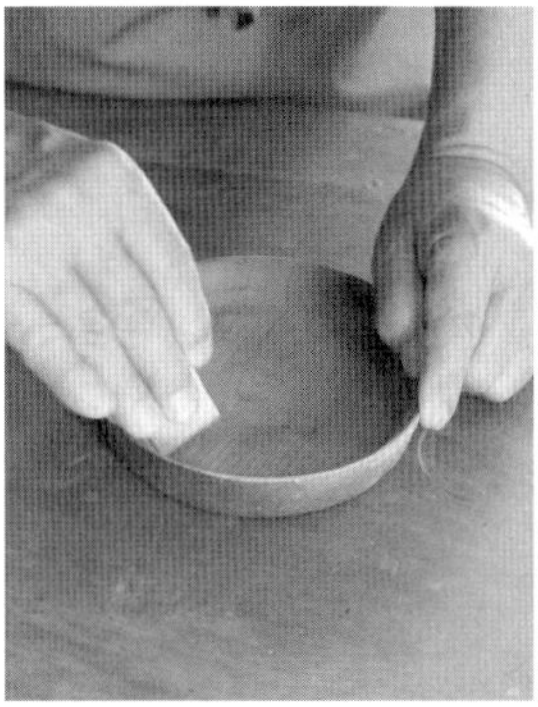

2

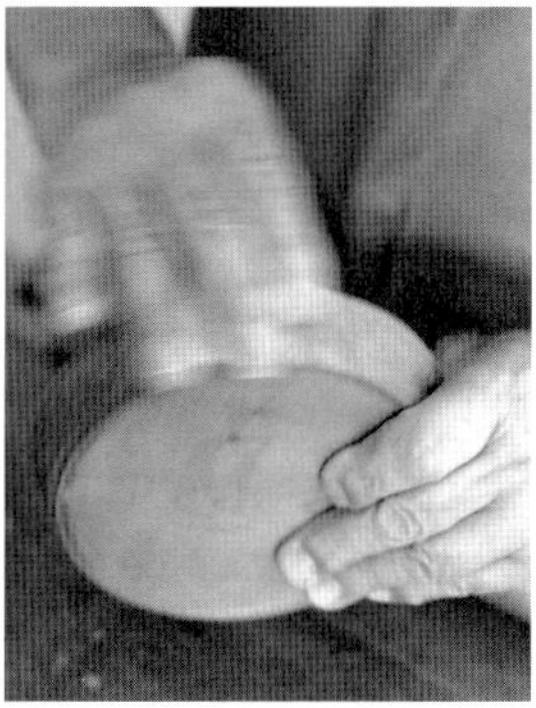

3

4

油分を補う

5）キッチンペーパーに荏胡麻油をタップリとしみ込ませます。

6）全体を磨きます。欠けたりしていなくても、器が全体にカサカサしてきたら、この作業を。器の寿命がグンと延びます。

7）器の裏も忘れずに。油染みを防ぐため、必ずまんべんなくしみ込ませること。

8）全体にオイルがなじむよう、しばらく置いておきましょう。

9）オイルが付いていないペーパーで余分な油を拭き取って、仕上げます。

5

6

7

8

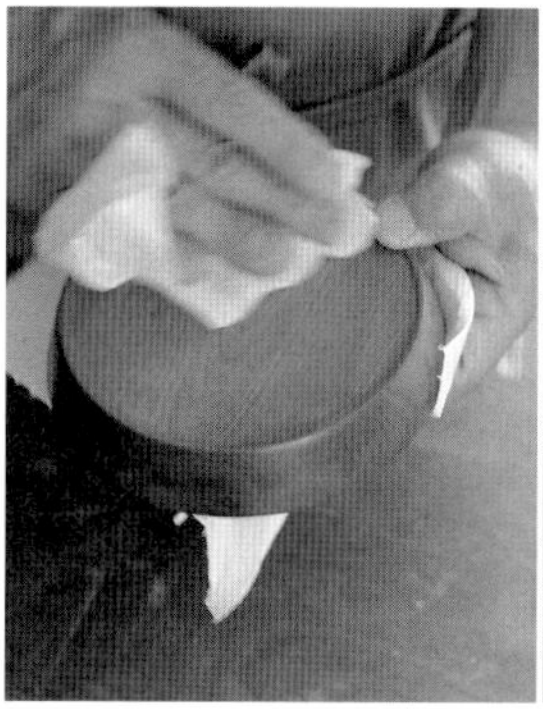

9

スプーンの場合

口に直接あたるスプーンだからこそ、欠けやささくれ、木肌の乱れには気をつかいたいもの

削る

1）欠け部分のかたちを整えるようにしながら、180番のサンドペーパーでやすり掛け。

2）240番で全体を磨きます。

3）ノミ跡のあるタイプはやすり掛けしすぎないこと。最後に320番で全体を磨いて整えます。

油分を補う

4）荏胡麻油をタップリしみ込ませたキッチンペーパーで、まんべんなく全体を磨きます。最後にオイルの付いていない乾いたペーパーで、余分な油を拭き取って、仕上げます。

1

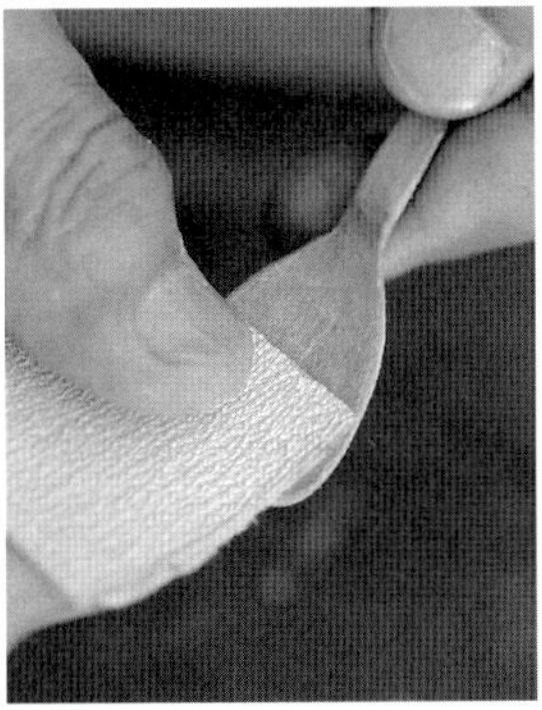

2

3

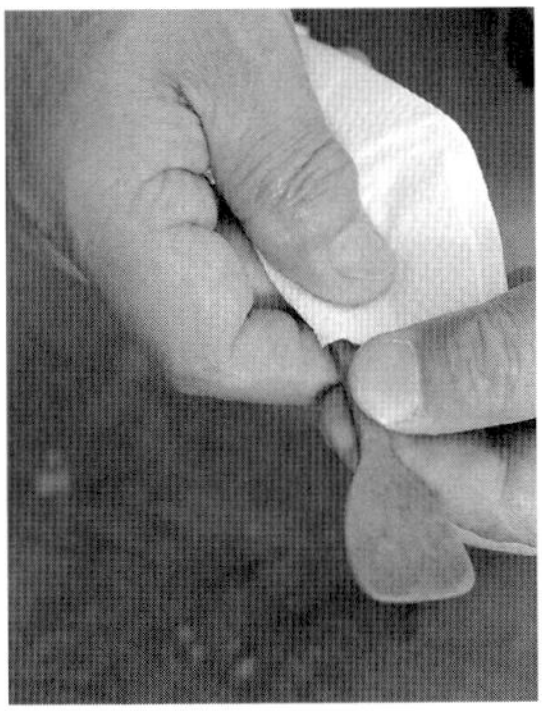

4

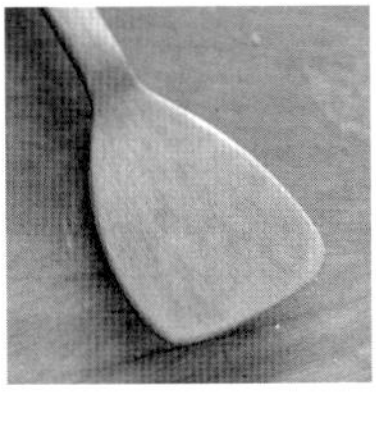

その他の場合

余分な水分を吸収する特質を生かすため、パンや干菓子などの乾いたものを主に載せる木皿は、あまり頻繁にオイルメンテナンスをしすぎないことが肝要。使用後はスポンジに薄めた洗剤をつけ、ぬるま湯で洗います。その後、布巾で水分を拭き取り、よく乾燥させてから収納しましょう。お手入れさえきちんとすれば、木の器は長く使い続けられます。

あとがき

小舟に乗って

家は、一艘の舟のようにみえます。必要最小限の道具を備えた小さなヨットであったり、家族全員が乗り込めるような少し大きな船であったり。大きさやかたちはいろいろですが、そこに共通しているのは、同舟者が力を合わせて日々の暮らしを営み、長い人生の時間を乗り越えていく、その協力しあいながら進路を決め、航海する姿です。

空高くヒバリが鳴くような春の日には、こころも晴れやかでしょう。また夏の強烈な日差しのなか、あるいは雪や嵐の日には、からだをいたわり、助け合って暮らすことになるでしょう。家は穏やかに、健やかに日々の暮らしを送るための空間であり、こころの住処でもあります。そしてそのなかで日々使われる道具たちは、船舶道具のように欠かすことのできないものたちなのです。

僕は約20年、8坪ほどの小屋で暮らしてきました。大勢の来客時にはさすがに狭さを感じましたが、ひとりの時は、この狭さがからだに馴染んで心地良く、狭いと思ったことは一度もありませんでした。広くないから、そして豪華でもないから、それがかえって居心地がいいと感じるところがあった。それは、浪費型から持続可能な社会への転換を求められている現在のような時代において、ひとつのヒントになるのかも知れません。質素であることが豊かである、という価値の転換。それが暮らしの知恵になり、社会の知恵となれば、と思います。

小屋に暮らしてわかったことは、高価なもの、豪華なものは、置いても似合わないということでした。そして大きなものも入らないから、結果的には大きな壺みたいなものも持つことがありませんでした。簡素な家は、欲望に対して無理のない抑制をかけ、それがかえって、身軽で、気持ちを晴れやかにしてくれるのでした。

僕がこのような小さな家に住もうと思ったのは、もちろん予算のこともありましたが、自分の仕事と繋がる問題意識もありました。それは、「ひとの暮らしに本当に必要なものはどのようなものだろう」という、最小限住宅への興味でした。もちろん居心地のよかった理由に、もともと「小屋が好き」、というもうひとつの個人的好みもあったとは思いますが。

狭い家ですが、楽しいことはそれなりに我慢しないで、と心がけてきました。だからストイックに暮らしている、という実感もありませんでした。どこかに負担をかけると、きっとその負担が別のところに現れてきますから、それはないように、と心がけていました。

日用品については、普段は暮らしに溶け込んでいるものですから、ひとつひとつを意識するようなことはなかったと思います。それぞれが自然に集まってきたという感じで、その時々に必要なもの、好きなもの、探して買ったもの、そうでなければ友人の個展で求めたもの。ただ、柄もの、かたちが派手なものなど、「こっちを見て」とばかりの、おしゃべりで目立ちたがりなものは、持たないようにしていると思います。暮らしを静かに受け止めてくれるようなものが好きなのです。それから僕は、ものをたくさん所有したいという気持ちはぜんぜんありません。それから、マニア的な収集癖もまったくありません。でも使って楽しい道具、美しい暮らしの道具というのは好きですから、街を歩いていても、今もモノに対する興味は尽きないように思います。

選んだものを見ると、そのひとがわかるとは、よくいわれることです。選んだものには、どこかでそのひとが反映されるのでしょう。たしかに鍋や薬缶はたくさん売られているし、その数あるもののなかからひとつを選ぶということは、ある意味、そのひとの見識や品性が表れるのかもしれません。だからこの本のように、家の引き出しのなかを見られるようなことは、ちょっと恥ずかしいような、怖いような感じがいたします。また、ものを愛玩する、というのはとても個人的な世界でもありますから、子どもたちのままごと遊びのような、あるいは恐竜フィギュアで闘いをしているような、我を忘れて、ものの世界にどっぷり入り込んでしまっている無防備な自分の姿が、他所から見られているような恥ずかしさもあります。

僕たちは多種に及ぶ道具類に、日々囲まれて暮らしています。道具のなかにすっかり浸かって、子どものごっこ遊びと同じように、からだと道具の区別がつかないくらいに、一体になっています。そんな身近な道具を、今回ひとつひとつ取り出して、「この薬缶の何が僕は好きなのか」を考え、「この茶碗は僕にとってなんなのか」を問い直す作業をしてみたわけです。でも、そうした作業を、できるだけ理屈でなく、生活者としての視点でしたいと思いました。道具と生活の関わりは毎日の暮らしのことですから、あまり眉間に皺を寄せて考えても、うまく摑めないものがあるように思ったからでした。だから、力まず、素描を描くように、さらっと、できるだけその時の気持ちに近いものが定着してくれればいい、と思って書くようにしました。そこから先を読み取るような作業は、やはり得意なひとにお願いしたほうがいいと思ったからです。

最後になりましたが、2年近くお付き合いいただいた編集の山本忍さん、写真の青砥茂樹さん、解説文の大輪俊江さん、素敵なデザインをして頂いた若山嘉代子さん、そして、帯を書いてくださった細川亜衣さんに、この場をお借りしてお礼を申し上げたいと思います。また、この本に登場いただいた作家の方々には、まことに不十分な内容であることをお侘びし、今後ますますよい作品を作っていただきたいと願っております。ありがとうございました。

三谷龍二

「三谷さんの器と出会うには？」

常設店

三谷さんの作品のほか、三谷さんがセレクトした器、雑貨類なども販売しています。

10cm

〒390-0874
長野県松本市大手2丁目4-37
☎0263-88-6210
営業日　金曜日・土曜日・日曜日・祝日（常設の場合）
営業時間　11:00〜18:00
www.mitaniryuji.com

個展ギャラリー

これまでに個展を定期的に行ってきたギャラリーですが、今後の予定が確定しているわけではありませんので、スケジュールは各店のサイトをチェックしてください。

秋篠の森　ギャラリー月草
奈良県奈良市中山町1534
☎0742-47-4460
www.kuruminoki.co.jp/akishinonomori/

エポカ ザ ショップ 銀座 日々
東京都中央区銀座5-5-13　B1
☎03-3573-3417
www.epoca-the-shop.com/nichinichi/

カンケイマルラボ
宮城県石巻市中央2-3-14
☎0225-25-7081
kankeimaru.com

ギャラリー　フェヴ
東京都武蔵野市吉祥寺本町2-28-2　2F
☎0422-23-2592
www.hikita-feve.com

ギャラリーやまほん／カフェ・ノカ
三重県伊賀市丸柱1650
☎0595-44-1911
www.gallery-yamahon.com

ギャルリももぐさ
岐阜県多治見市東栄町2-8-16
☎0572-21-3368
www.momogusa.jp

シェルフ
大阪府大阪市中央区内本町2-1-2 梅本ビル3F
☎06-6355-4783
www.shelf-keybridge.com

桃居
東京都港区西麻布2-25-13
☎03-3797-4494
www.toukyo.com

季の雲
滋賀県長浜市八幡東町211-1
☎0749-68-6072
www.tokinokumo.com

三谷龍二　Ryuji Mitani
木工デザイナー。１９８１年に長野県松本市に工房ペルソナスタジオを開設。普段使いの木の器やカトラリーなどが人気で、全国で個展を多数開催している。２０１１年には自身の常設店、「10センチ」を松本にオープン。

立体や平面作品も手がけており、伊坂幸太郎『オー！ファーザー』『重力ピエロ』、ベルンハルト・シュリンク『朗読者』などの表紙作品を製作。松本の一大工芸イベント、「クラフトフェアまつもと」「工芸の五月」にも発足当初から携わる。著書に『三谷龍二の木の器』『器の履歴書』（アトリエ・ヴィ）、『遠くの町と手としごと』（アノニマ・スタジオ）、『三谷龍二の10センチ』（ＰＨＰ研究所）、『木の匙』『「生活工芸」の時代』（新潮社）ほか。
ホームページ　木の器
www.mitaniryuji.com

取材
大輪俊江

撮影
青砥茂樹（講談社写真部）

ブックデザイン
若山嘉代子、若山美樹（L'espace）

撮影協力
古厩由紀子、武田智子

日々《ひび》の道《どう》具《ぐ》帖《ちょう》

２０１５年５月21日　第１刷発行

著者　三谷龍二《みたにりゅうじ》

発行者　鈴木 哲
発行所　株式会社 講談社
〒１１２-８００１　東京都文京区音羽2-12-21
編集　☎０３-５３９５-３５２９
販売　☎０３-５３９５-３６２５
業務　☎０３-５３９５-３６１５

印刷所　大日本印刷株式会社
製本所　株式会社国宝社

ISBN 978-4-06-219422-8